W0406830

Glückliche Wanderung

FOTOGRAFIEN VON JANE ENGLISH

KALLIGRAPHIEN VON GIA–FU FENG

Tschuang Tse

Glückliche Wanderung

EINE NEUE BEARBEITUNG VON GIA-FU FENG & JANE ENGLISH

Irisiana Verlag
HALDENWANG

Der Titel der bei Alfred A. Knopf, Inc.
erschienenen Originalausgabe lautet:
Inner Chapters

Deutsche Übersetzung: Sylvia Luetjohann

1980
ISBN 3-921417-26-0
© 1972 by Gia-Fu Feng and Jane English
This translation published by arrangement with Alfred A. Knopf, Inc.
© der deutschen Ausgabe 1978 by Irisiana Verlag, Haldenwang
Alle Rechte vorbehalten
Printed in Germany

Inhalt:

TSCHUANG TSE

Über Tschuang Tse ist sehr wenig bekannt, und dieses Wenige ist unlösbar mit der Legende verwoben. Es heißt, daß er ein Zeitgenosse des Mencius war, ein Beamter der Lackbaumpflanzung von Meng in der Provinz Honan um das vierte Jahrhundert v. Chr.. Tschuang Tse stand zu Lao Tse wie der Heilige Paulus zu Jesus und Plato zu Sokrates. Er entwickelte die Lehren des Taoismus mit zwingender Logik. Seine Fabeln und sein Humor zeugen von Phantasie und dichterischer Begabung; sie spiegeln ein scharfsinniges und originelles Denken wider. Im Hinblick auf sämtliche Richtlinien und Wertmaßstäbe war er ein Verfechter der Relativität. Er ist gleichzeitig Mystiker und Revolutionär.

Der Rhythmus des Lebens und sein organisches Schauen - eine Vorstellung, die in poetischer Form bei Lao Tse angedeutet wird - hat in den Schriften des Tschuang Tse ihre vollendete Ausdrucksform gefunden. Während sich die anderen Philosophen eifrig mit den praktischen Regierungsangelegenheiten und Verhaltensregeln beschäftigten, ging Tschuang Tse über *Whang Cheng*, den trügerischen Staub der Welt, hinaus - auf diese Weise nahm er den Zen-Buddhismus vorweg und legte die metaphysische Grundlage für einen Zustand der Leerheit oder Überwindung des Ego. Mit Vorstellungskraft und reicher Bildersprache gelangt er zu den Tiefen des chinesischen Denkens.

Die sieben „Inneren Kapitel“, die in dieser Übersetzung vorgelegt werden, gelten bei Gelehrten eindeutig als Werk Tschuang Tses. Weitere sechsundzwanzig Kapitel sind umstrittener Herkunft; es handelt sich um Deutungen und Weiterentwicklungen dieser und sie mögen von späteren Kommentatoren hinzugefügt worden sein.

逍遙遊

KAPITEL 1

Glückliche Wanderung

北冥有魚其名為鯤鯤之大不知其幾千里也
化而為鳥其名為鵬鵬之背不知其幾千里也怒而
飛其翼若垂天之雲是鳥也海運則將徙於南冥
南冥者天池也齊諧者志怪者也諧之言曰鵬之
徙於南冥也水擊三千里摶扶搖而上者九萬里
去以六月息者也野馬也塵埃也生物以息相吹也
天之蒼蒼其正色邪其遠而無所至極邪
其視下也亦若是則已矣且夫水之積也不厚
則其負大舟也無力覆杯水於坳堂之上則芥為之舟
置杯焉則膠水淺而舟大也風之積也不厚則其負大翼也無力
故九萬里則風斯在下矣而後乃今培風背負青天而莫之夭閼者
而後乃今將圖南

Im nördlichen Ozean lebt ein Fisch mit Namen Kun, der ist viele tausend Li groß. Er verwandelt sich in einen Vogel mit Namen Peng, dessen Rücken ist viele tausend Li breit. Wenn er aufsteigt und fliegt, sind seine Schwingen wie Wolken, die den Himmel erfüllen.

Wenn sich dieser Vogel über den Ozean fortbewegt, nimmt er Richtung auf das Südmeer, den Himmlischen See. In Chi Hsiehs Verzeichnis von Wundern heißt es: „Wenn Peng die Richtung des südlichen Ozeans einschlägt, bahnt er sich seinen Weg über dreitausend Li durch das Wasser. Dann erhebt er sich mit dem Wind und fliegt dahin bis zu einer Höhe von neunzigtausend Li; sechs Monate lang fliegt er, dann ruht er sich aus." In der Luft flimmert die Hitze wie dahingaloppierende Pferde, Staub wogt wie der Morgennebel, und Lebewesen werden im Himmel umhergewirbelt.

Der Himmel ist blau. Verhält es sich wirklich so? Oder sieht er nur blau aus, weil er sich in die Unendlichkeit erstreckt? Auch wenn Peng von oben herabblickt, wird es dort blau erscheinen. Ein großes Boot liegt tief im Wasser. Gieße eine Schale Wasser in eine Höhlung im Boden, und ein Senfsamenkorn kann wie ein kleines Schiff dort schwimmen. Setze die Schale da hinein, und sie wird sich nicht bewegen, denn das Wasser ist nicht tief und das Boot groß. Nur in einer gewissen Höhe gibt es genügend luftigen Raum für eine große Spannweite der Flügel. Deshalb erhebt sich Peng auf neunzigtausend Li, und dort liegt genügend Luft unter ihm. Dann besteigt er den Wind, und mit dem blauen Himmel im Rükken und nichts in seinem Weg nimmt er Richtung auf den Süden.

蜩與學鳩笑之曰我決起而飛槍榆枋時則不至而控於地而已矣
奚以之九萬里而南為莽蒼者三飡而反腹猶果然適百里者宿舂糧
適千里者三月聚糧之二蟲又何知小知不及大知小年不及大年奚以知其然也
朝菌不知晦朔蟪蛄不知春秋此小年也楚之南有冥靈者以五百歲為春五百歲為秋
上古有大椿者以八千歲為春八千歲為秋而彭祖乃今以久特聞眾人匹之不亦悲乎

Eine Zikade und eine junge Taube lachen über Peng und sagen: „Wenn wir uns große Mühe geben, können wir es bis zu den Bäumen schaffen, aber manchmal erreichen wir sie nicht einmal und fallen auf den Boden herab. Wie ist es möglich, sich neunzigtausend Li aufzuschwingen und Richtung auf den Süden zu nehmen?" Gehst du aufs Land, so nimmst du genügend Nahrung für drei Mahlzeiten mit, und wenn du zurückkommst, ist dein Magen genauso gefüllt wie immer. Gehst du auf eine Reise von hundert Li, so mahlst du genügend Getreide für einen Aufenthalt über Nacht. Gehst du auf eine Reise von tausend Li, brauchst du einen Vorrat für drei Monate. Was wissen diese beiden kleinen Geschöpfe schon? Kleines Wissen läßt sich nicht mit großem Wissen vergleichen, und auch ein kurzes Leben nicht mit einem langen Leben.

Woher wissen wir, daß dem so ist?

Der Morgenpilz weiß nichts von Zwielicht und Dämmerung, noch kennt die Schmetterlingspuppe Frühling und Herbst. Sie sind kurzlebig. Südlich von Chu gibt es einen Mingling-Baumm, dessen Frühling fünfhundert Jahre und dessen Herbst fünfhundert Jahre währen. Peng Chu ist wegen seines langen Lebens berühmt geworden. Ist es nicht traurig, daß jedermann ihn nachahmen möchte?

湯之問棘也是已窮髮之北有冥海者天池也有魚焉其廣數千里
未有知其修者其名為鯤有鳥焉其名為鵬背若泰山翼若垂天之雲
摶扶搖羊角而上者九萬里絕雲氣負青天然後圖南且適南冥也
斥鴳笑之曰彼且奚適也我騰躍而上不過數仞而下翱翔蓬蒿之間
此亦飛之至也而彼且奚適也此小大之辯也
故夫知效一官行比一鄉德合一君而徵一國者其自視也亦若此矣
而宋榮子猶然笑之且舉世而譽之而不加勸舉世而非之而不加沮
定乎內外之分辯乎榮辱之境斯已矣彼其於世未數數然也
雖然猶有未樹也夫列子御風而行泠然善也旬有五日而後反
彼於致福者未數數然也此雖免乎行猶有所待者也
若夫乘天地之正而御六氣之辯以遊無窮者彼且惡乎待哉
故曰至人無己神人無功聖人無名

In dem Zwiegespräch zwischen Tang und Chi ist die gleiche Geschichte enthalten: „Im kahlen Norden liegt ein finsteres Meer, der Himmlische See. Dort lebt ein Fisch, der einige tausend Li breit ist, und seine Länge kennt niemand. Sein Name ist Kun. Dort lebt auch ein Vogel mit Namen Peng. Sein Rücken ist wie der Berg Tai, und seine Schwingen sind wie Wolken über den Himmel gespannt. Neunzigtausend Li fliegt er in Spiralen aufwärts, höher als Wolken und Wind, und mit dem blauen Himmel über sich wendet er sich südwärts zum Südmeer. Eine Wachtel im Sumpf lacht und meint: „Was glaubt der denn, wohin er fliegt? Ich bewege mich nur wenige Meter auf und ab und flattere zwischen den Wasserpflanzen und Büschen einher. Das ist die Vollkommenheit im Flug. Wo aber will der hinaus?" Das ist der Unterschied zwischen klein und groß."

Auf die gleiche Weise betrachten sich diejenigen, welche klug genug sind, ein öffentliches Amt zu bekleiden, gerecht genug, den Frieden in einer Gemeinschaft zu bewahren, tugendhaft genug, Herrscher zu sein und ein Staatswesen zu lenken.

Sung Yung Tse lacht jedoch über sie. Denn selbst wenn die ganze Welt ihn lobte, so würde er nicht davon bewegt. Selbst wenn die ganze Welt ihn schmähte, so wäre er nicht dadurch entmutigt. Er kennt den Unterschied zwischen dem, was innen und dem, was außen ist. Er weiß klar zwischen Ehre und Ehrlosigkeit zu unterscheiden. Das ist aber auch alles. Selbst wenn es einen solchen Menschen selten in der Welt gibt, ist er dennoch unvollkommen.

Liä Tse flog leicht und mühelos auf dem Wind und kehrte nach fünfzehn Tagen zurück. Menschen, die so glücklich sind wie er, sind selten. Obgleich er nicht mehr zu laufen brauchte, war er immer noch von etwas abhängig. Stelle dir aber einmal vor, daß sich jemand mit dem Strom von Himmel und Erde und der Umwandlung der sechs Elemente bewegt und im Grenzenlosen wandert. Wovon ist er noch abhängig?

Daher heißt es: „Der Vollkommene hat kein Ich, der Heilige kennt kein Verdienst, der Weise genießt kein Ansehen."

Yao, der daran dachte, das Reich an Hsu Yu abzutreten, sagte: „Ist es nicht schwierig, eine Fackel zu erkennen, wenn Sonne und Mond scheinen? Ist es nicht verschwendete Mühe, weiterhin die Felder zu bewässern, wenn die Regenzeit beginnt? Wenn du das Reich übernimmst, wird es gut gelenkt werden. Jetzt bin ich Herrscher und fühle mich der Sache nicht gewachsen. Kann ich das Reich deiner Obhut anvertrauen?"

Hsu Yu sagte: „Du herrschst über das Reich, und die Welt lebt bereits in Frieden. Wenn ich deinen Platz einnähme, so würde ich es nur um des Namens willen tun. Der Name ist aber nur ein Schatten des wirklichen Seins. Soll ich denn nichts weiter als ein Schatten sein? Der Spatz baut sein Nest im tiefen Wald und bewohnt nur einen einzigen Zweig. Die Bisamratte trinkt nur soviel aus dem Fluß, daß sie ihren Durst stillt. Gehe in Frieden, mein Herrscher. Ich kann mit dem Reich nichts anfangen. Selbst wenn der Koch bei einer rituellen Feierlichkeit nicht auf die Nahrungsopfer achtgibt, springen Priester und Vertreter des Toten nicht über Fleisch und Wein, um seine Stelle einzunehmen."

堯讓天下於許由曰日月出矣而爝火不息其於光也不亦難乎
時雨降矣而猶浸灌其於澤也不亦勞乎夫子立而天下治
而我猶尸之吾自視缺然請致天下許由曰子治天下天下
既已治也而我猶代子吾將為名乎名者實之賓也
吾將為賓乎鷦鷯巢於深林不過一枝偃鼠飲河
不過滿腹歸休乎君予無所用天下為
庖人雖不治庖尸祝不越樽俎而代之矣

Chien Wu fragte Lien Shu: „Ich hörte zu, wie Chieh Yu seltsame Geschichten erzählte; sie waren lang und wunderlich und wollten kein Ende nehmen. Ich war über seine Worte erstaunt. Sie schienen so grenzenlos wie die Milchstraße zu sein und zeigten keine Verbindung zu dem Lauf der Dinge, wie sie wirklich sind.“

Lien Shu fragte: „Was sagte er denn?“

„Weit entfernt auf dem Berge Ku lebt ein heiliger Mann. Sein Fleisch und seine Haut sind wie Eis und Schnee; er ist ebenso zart wie ein junges Mädchen. Er verzehrt keines der fünf Körner, sondern nimmt tiefe Züge aus dem Wind zu sich und trinkt den Tau. Er fährt auf den Wolken dahin und besteigt einen fliegenden Drachen und schweift jenseits der vier Meere umher. Wendet er seine spirituellen Kräfte an, so kann er die Geschöpfe vor Krankheit und Verfall schützen und eine reiche Ernte sicherstellen. Dies alles halte ich für lächerlich und will es nicht glauben.“

Lien Shu sagte: „Es ist so. Der Blinde ist nicht empfänglich für herrliche Formgebungen, der Taube kann die Klänge von Glocken und Trommeln nicht wahrnehmen. Blindheit und Taubheit sind nicht nur körperlich; sie können auch den Geist befallen. Dafür bist du ein einschlägiges Beispiel. Jener Heilige mit all seinen Tugenden betrachtet die gesamte Verwirrung der zehntausend Dinge so, als wäre es eine einzige. Schon aufgrund seiner bloßen Existenz erhebt sich die Welt aus dem Chaos. Warum sollte er daran etwas ändern wollen? Nichts kann ihm etwas anhaben. Eine große Flut, die bis zum Himmel reicht, könnte ihn nicht versinken lassen. Selbst wenn eine große Glut Metalle und Felsgesteine zum Schmelzen brächte und Erde und Hügel versengte, so würde er doch keine Hitze verspüren. Aus seinem eigenen Lebensgeist kann er königliche Weltweise wie Yao oder Shun erschaffen. Warum sollte er sich um weltliche Dinge sorgen?“

肩吾問於連叔曰吾聞言於接輿大而無當往而不返吾驚怖其言
猶河漢而無極也大有逕庭不近人情焉連叔曰其言謂何哉
曰藐姑射之山有神人居焉肌膚若冰雪淖約若處子不食五穀
吸風飲露乘雲氣御飛龍而遊乎四海之外其神凝使物不疵癘而年穀熟
吾是以狂而不信也連叔曰然瞽者無以與乎文章之觀聾者無以與乎鐘鼓之声
豈唯形骸有聾盲哉夫知亦有之是其言也猶時女也之人也之德也
將旁礡萬物以為一世蘄乎亂孰弊弊焉以天下為事之人也物莫之傷
大浸稽天而不溺大旱金石流土山焦而不熱是其塵垢粃糠
將猶陶鑄堯舜者也孰肯以物為事

宋人資章甫適諸越越人短髮文身無所用之堯治天下之民平海內之政往見四子藐姑射之山汾水之陽窅然喪其天下焉

Ein Mann aus dem Staate Sung handelte mit zeremoniellen Kopfbedeckungen und unternahm eine Reise nach dem Staate Yueh. Die Menschen in Yueh hatten jedoch kurzgeschorenes Haar und tätowierte Körper und keine Verwendung für Hüte. Yao brachte dem Weltenvolk Ruhe und herrschte voller Weisheit über die Länder, die von den vier Meeren begrenzt werden. Als er jedoch südlich des Flusses Fen von seinem Besuch bei den vier Weisen auf dem Berge Ku zurückkehrte, hatte das Weltreich seinen Reiz für ihn verloren.

惠子謂莊子曰魏王貽我大瓠之種我樹之成而實五石以盛水漿其堅不能自舉也剖之以為瓢
則瓠落無所容非不呺然大也吾為其無用而掊之莊子曰夫子固拙於用大矣
宋人有善為不龜手之藥者世世以洴澼絖為事客聞之請買其方百金聚族而謀曰
我世世為洴澼絖不過數金今一朝而鬻技百金請與之客得之以說吳王越有難
吳王使之將冬與越人水戰大敗越人裂地而封之能不龜手一也或以封或不免於洴澼絖則所用之異也
今子有五石之瓠何不慮以為大樽而浮乎江湖而憂其瓠落無所容則夫子猶有蓬之心也夫
惠子曰吾有大樹人謂之樗其大本擁腫而不中繩墨其小枝卷曲而不中規矩立之塗
匠者不顧今子之言大而無用眾所同去也莊子曰子獨不見狸狌乎卑身而伏
以候敖者東西跳梁不辟高下中於機辟死於罔罟今夫斄牛其大若垂天之雲
此能為大矣而不能執鼠今子有大樹患其無用何不樹之於無何有之鄉
廣莫之野彷徨乎無為其側逍遙乎寢臥其下不夭斤斧物無害者
無所可用安所困苦哉

Hui Tse sagte zu Tschuang Tse: „Der König von Wei gab mir einige Samenkörner von einem riesengroßen Kürbis. Ich pflanzte sie ein, und sie trugen eine Frucht, die war groß genug, um fünf Scheffel Flüssigkeit aufzunehmen. Ich gebrauchte sie zum Wassertragen, aber sie war zu schwer, als daß ich sie hochheben konnte. So schnitt ich sie in der Hälfte auseinander und machte Schöpfkellen daraus. Sie waren jedoch nicht genügend ausgehöhlt, um irgend etwas aufzunehmen. Sie waren groß, unhandlich und nutzlos; daher zerschlug ich sie in Stücke."

Tschuang Tse sagte: „Mein Freund, du bist nicht sehr klug im Umgang mit großen Dingen. In Sung lebte einmal ein Mann, der eine gute Salbe gegen rissige Hände herstellen konnte. Seine Familie hatte von Generation zu Generation das Geschäft der Seidenbleiche betrieben. Davon hörte ein Reisender, der sich erbot, ihnen das geheime Rezept für einhundert Goldstücke abzukaufen. Die Familie versammelte sich zu einer Besprechung und meinte: ‚Seit Generationen haben wir Seide gebleicht und nur ein paar Goldstücke dabei verdient. Nun können wir das Geheimnis an einem einzigen Tag für einhundert Goldstücke verkaufen. Soll er es doch haben.'

Der Reisende nahm es und bot es dem König von Wu an. Wu und Yueh lagen in Krieg miteinander. Der König von Wu betraute den Reisenden mit der Befehlsgewalt über seine Flotte. Im Winter bestritt die Flotte eine Seeschlacht gegen Yueh und konnte es völlig schlagen. Der Reisende wurde mit einem Lehen und Adelstitel belohnt.

In beiden Fällen war das Heilmittel gegen rissige Hände das gleiche, wurde jedoch unterschiedlich angewandet. Der eine erhielt einen Adelstitel, während die anderen noch immer Seide bleichen. Du hattest nun einen Kürbis, der war groß genug, um fünf Scheffel Wasser aufzunehmen. Warum hast du nicht daran gedacht, ein großes Faß daraus zu machen und damit entlang der Flüsse und Seen zu treiben, anstatt daß du dich über seine Nutzlosigkeit ärgerst, irgend etwas in sich aufzunehmen? Dein Denken, mein Freund, scheint sich in Nebensächlichkeiten zu erschöpfen."

Hui Tse sagte: „Ich habe einen großen Götterbaum. Sein Stamm ist so knorrig und voller Astknoten, daß es unmöglich ist, ihn genau auszumessen. Seine Äste sind allzu gewunden und gekrümmt, als daß sie irgend jemand mit Zirkel und Winkelmaß ausmessen könnte. Er steht am Rande der Straße, aber kein Zimmermann würde ihm einen zweiten Blick gönnen. Nun, ebenso groß und unnütz sind seine Worte; niemand möchte das hören, was du zu sagen hast."

Tschuang Tse entgegnete: „Hast du jemals eine Wildkatze oder ein Wiesel beobachtet? Nahe am Boden hockt es zusammengekauert und wartet auf seine Beute. Dann springt es hin und her, zuerst in der einen, dann in der anderen Richtung, bis es seine Beute erhascht und tötet. Auch gibt es den Yak, der so groß ist wie eine Wolke, welche die Sonne verdunkelt. So groß wie er ist, kann er nicht einmal eine Maus fangen. Du hast nun diesen Riesenbaum und sorgst dich, daß er unnütz ist. Warum pflanzst du ihn nicht auf Land ein, wo nichts wächst, an einem wilden, baumlosen Ort? Dort magst du müßig umherschweifen, nichts tun und dich unter seinen Zweigen zum Schlaf ausstrecken. Niemand wird den Versuch machen, ihn abzuhauen. Nichts kann ihm etwas anhaben, da er keinen Nutzen hat. Wie kann er dir Anlaß zu irgendeiner Besorgnis geben?"

齐物论

KAPITEL 2

Die Gleichheit aller Dinge

Nan Kuo Tsu Chi saß über einen niedrigen Tisch gebeugt, starrte in den Himmel und seufzte; er schien entrückt zu sein. Sein Schüler Yen Cheng Tsu Yu, der neben ihm stand, rief aus: „Was ist denn das? Kannst du deinen Körper wirklich zu trockenem Holz und deinen Geist zu erloschener Asche machen? Der Mann, der nun über dem Tisch lehnt, ist nicht derselbe, der noch vor einem Augenblick hier saß."

Tsu Chi sagte: „Yen, es ist gut, daß du danach gefragt hast. Gerade eben habe ich mich selbst verloren. Verstehst du? Vielleicht hast du die Musik der Menschen vernommen, aber noch nicht die Musik der Erde. Du magst die Musik der Erde vernommen haben, aber noch nicht die Musik des Himmels."

Tsu Yu fragte: „Darf ich dich bitten, mehr darüber zu sagen?"

Tsu Chi gab zur Antwort: „Das Universum hat einen kosmischen Atem, Wind wird er genannt. Manchmal ist er nicht in Tätigkeit; ist er aber tätig, dann steigt stürmisches Geheul aus den zehntausend Öffnungen empor. Hast du jemals einen brausenden Sturmwind gehört? Im tiefen und furchterregenden Bergwald gibt es riesenhafte Bäume, deren Umfang einhundert Armspannen mißt. Sie haben Spalten und Höhlungen wie Nasenlöcher, Münder und Ohren wie Hohleisen, Becher und Mörser wie schlammige Tümpel und schmutzige Pfützen. Die Töne stürzen wie Wasser heraus, sie pfeifen wie Pfeile, sie schelten, saugen, rufen, wimmern, klagen und heulen. Zischend ist der Leitton, auf ihn folgt ein aufbrausender Chor von Tönen. Sanfte Brisen schaffen eine kleine Harmonie, grimmige Winde eine große. Wenn die heftigen Windböen wieder abflauen, kommen alle Höhlungen zur Ruhe. Hast du jemals das Zittern und Beben von Zweigen und Blättern wahrgenommen?"

Tsu Yu sagte: „Die Musik der Erde ist der Klang aus diesen Höhlungen. Die Musik des Menschen kommt aus dem zur Flöte ausgehöhlten Schalmeienrohr. Darf ich nach der Musik des Himmels fragen?"

南郭子綦隱机而坐仰天而噓
荅焉似喪其耦顏成子游立侍乎前曰
何居乎形固可使如槁木
而心固可使如死灰乎今之隱机者
非昔之隱机者也子綦曰偃
不亦善乎而問之也今者吾喪我汝知之乎
汝聞人籟而未聞地籟汝聞地籟而未聞天籟夫
子游曰敢問其方子綦曰夫大塊噫氣
其名為風是唯无作作則萬竅怒呺
而獨不聞之翏翏乎山林之畏佳
大木百圍之竅穴似鼻似口似耳似枅似圈似臼
似洼者似污者激者謞者叱者吸者叫者譹者
宎者咬者前者唱于而隨者唱喁
泠風則小和飄風則大和
厲風濟則眾竅為虛
而獨不見之調調之刁刁乎子游曰地籟則眾竅是已人籟則比竹是已
敢問天籟子綦曰夫吹萬不同而使其自已也咸其自取怒者其誰邪

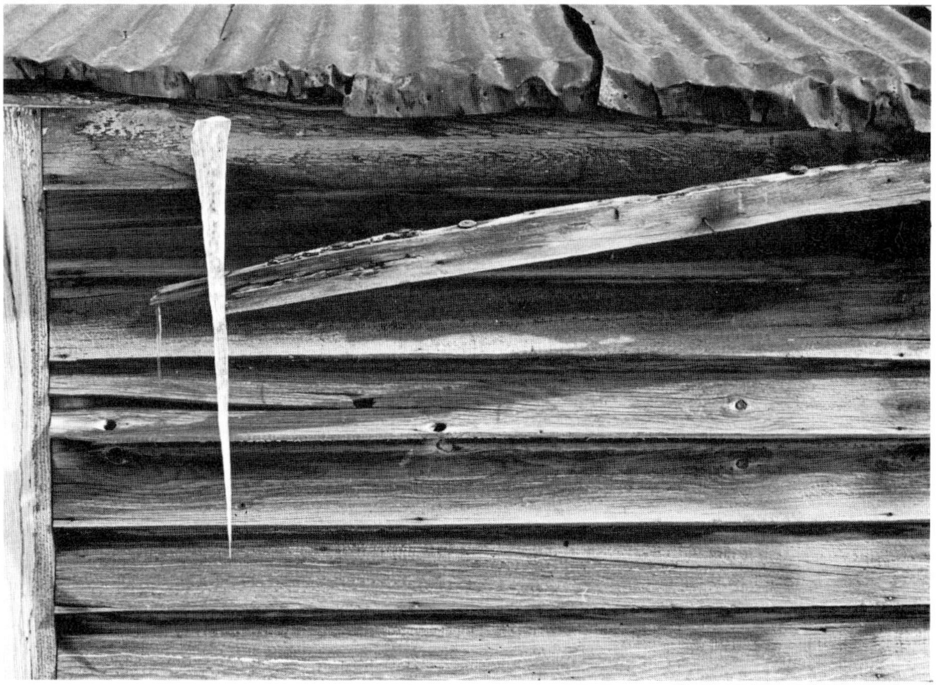

Tsu Chi entgegnete: „Wenn der Wind durch die zehntausend verschiedenen Höhlungen bläst, erzeugen sie alle ihren eigenen Klang. Warum sollte es noch irgend etwas anderes geben, das diesen Klang hervorruft?" Großes Wissen ist all-umfassend; kleines Wissen ist begrenzt. Große Worte bedeuten Inspiration; kleine Worte sind Geschwätz. Wenn wir schlafen, stehen wir in Verbindung zu unserer Seele. Wenn wir wachen, tun sich unsere Sinnesorgane auf. Wir lassen uns in unsere Tätigkeiten hineinziehen, und unser Geist verliert sich in Ablenkungen. Manchmal sind wir unschlüssig, manchmal hinterhältig, manchmal geheimnistuerisch. Kleine Ängste bewirken Besorgnis, große Ängste verursachen Verzweiflung. Unsere Worte schnellen davon wie Pfeile - so als wüßten wir, was richtig und was falsch ist. Wir beharren auf unserem eigenen Standpunkt - so als würde alles von ihm abhängen. Und doch sind unsere Ansichten nicht von Dauer: wie Herbst und Winter schwinden sie allmählich dahin. Wir sind in der Strömung gefangen und können nicht mehr zurück. Wie ein altes verstopftes Abflußrohr sind wir verwickelt; wir rücken immer näher an den Tod heran und haben keine Möglichkeit, unsere Jugend zurückzugewinnen. So wie Musik aus einem hohlen Rohr erklingt oder Pilze aus der warmen, dunklen Erde emporschießen, tauchen Freude und Ärger, Sorge und Glück, Hoffnung und Furcht, Unentschlossenheit und innere Stärke, Bescheidenheit und Eigensinn, Begeisterung und Anmaßung ohne Unterlaß Tag und Nacht vor uns auf. Niemand weiß, woher sie kommen. Mache dir keine Sorgen darum. Laß sie doch einfach da sein. Wie können wir dies alles denn binnen eines Tages verstehen?

大知閑閑小知閒閒大言炎炎小言詹詹其寐也魂交其覺也形開與接為構日以心鬭縵者窖者密者小恐惴惴大恐縵縵其發若機栝其司是非之謂也其留如詛盟其守勝之謂也其殺若秋冬以言其日消也其溺之所為之不可使復之也其厭也如緘以言其老洫也近死之心莫使復陽也喜怒哀樂慮嘆變慹姚佚啟態樂出虛蒸成菌日夜相代乎前而莫知其所萌已乎已乎旦暮得此其所由以生乎

非彼無我非我無所取是亦近矣而不知其所為使
若有真宰而特不得其眹可行已信而不見其形
有情而無形百骸九竅六藏賅而存焉
吾誰與為親汝皆說之乎其有私焉
如是皆有為臣妾乎其臣妾不足以相治乎
其遞相為君臣乎其有真君存焉
如求得其情與不得無益損乎其真
一受其成形不亡以待盡與物相刃相靡
其行盡如馳而莫之能止不亦悲乎
終身役役而不見其成功苶然疲役
而不知其所歸可不哀邪人謂之不死奚益
其形化其心與之然可不謂大哀乎
人之生也固若是芒乎其我獨芒而人亦有不芒者乎

Wenn es kein anderes gibt, dann gibt es auch kein Ich.

Wenn es kein Ich gibt, dann gibt es niemanden, der wahrnimmt. Damit befinden wir uns nahe an der Wahrheit, wissen jedoch nicht warum. Es muß eine ursprüngliche Antriebskraft geben, aber wir können keinerlei Beweis dafür ausfindig machen. Ich glaube, daß sie wirksam ist, kann sie jedoch nicht wahrnehmen. Ich kann sie spüren, aber sie hat keine feste Form.

Die hundert Glieder, die neun Öffnungen und die sechs Organe sind alle zusammen wirksam. Welchem Teil gibst du den Vorzug? Sind sie dir alle gleich lieb, oder bevorzugst du eines besonders? Sind sie nicht alle Diener? Können sie die Ordnung unter sich selbst aufrechterhalten, oder wechseln sie sich gegenseitig als Herren und Diener ab? Vielleicht verhält es sich ja so, daß es tatsächlich einen wahren Meister gibt. Ob ich sein Dasein wirklich spüre oder nicht, hat nichts damit zu tun, wie es letztlich ist. Hat ein Mensch einmal einen Körper erhalten, so arbeitet dieser natürlicherweise solange, wie er bestehen bleibt. Er geht durch Mühe und Muße, und wie ein galoppierendes Pferd kann nichts ihn aufhalten. Ist das nicht ein Trauerspiel? Das ganze Leben hindurch müht und plagt man sich und sieht doch niemals ein Ergebnis. Müde und erschöpft findet der Mensch dann nicht einmal einen Ort, wo er seine Knochen zur Ruhe legen kann. Ist das nicht ein Jammer? Es mag einer sagen: „Es gibt keinen Tod“ - aber was hat das für einen Nutzen? Wenn der Körper verfällt, so geschieht das gleiche auch dem Geist. Ist dies nicht ein großes Unglück? Ist das Leben wirklich derart sinnlos? Bin ich denn der einzige, der diese Sinnlosigkeit erkennt? Nehmen andere sie nicht auch wahr?

Wenn man gegenüber seinem eigenen Selbst wahrhaft ist und sich an seine Belehrung hält, wer muß dann noch ohne Lehrer sein? Nicht nur diejenigen, welche über Erfahrung verfügen und Wissen besitzen, können einen Lehrer haben, auch Narren haben ihre Lehrer. Wenn diejenigen, welche sich selbst gegenüber nicht wahrhaft sind, zwischen Recht und Unrecht zu wählen suchen, verhält sich das so, als ob sie heute nach Yueh aufbrechen und gestern ankommen würden. Damit würde das zum Entstehen kommen, was es nicht gibt. Wie läßt du das entstehen, was nicht besteht? Selbst der Weise Yu wußte nicht, wie dies anzufangen wäre - wieviel weniger noch ein Mensch so wie ich.

Worte werden doch nicht nur einfach in die Luft gehaucht. Sie haben einen tieferen Sinn. Wenn du dir nicht sicher bist, wovon du redest, sagst du dann etwas oder sagst du nichts? Worte scheinen sich von Vogelgezwitscher zu unterscheiden. Besteht denn da nun ein Unterschied oder nicht? Wie kann das Tao so verborgen im Dunkeln liegen und doch Wahrheit und Lüge zulassen. Wie können Worte so verborgen im Dunkeln liegen und doch Recht und Unrecht zulassen? Wie kann das Tao nicht mehr weiterbestehen? Wie können Worte nicht mehr gehört werden?

Das Tao wird durch bruchstückhaftes Wissen verdeckt. Der tiefere Sinn von Worten wird unter blumenreicher Redekunst versteckt. Dadurch wird die Uneinigkeit zwischen Konfuzianern und Mohisten verursacht. Was der eine falsch nennt, nennt der andere richtig; und was der eine richtig nennt, nennt der andere falsch. Wenn der eine im Unrecht ist, während der andere im Recht ist, und der andere im Recht, während der eine im Unrecht ist, dann tut man doch am besten daran, über Recht und Unrecht hinauszublicken.

夫隨其成心而師之誰獨且無師乎
奚必知代而心自取者有之愚者與有焉
未成乎心而有是非是今日適越而昔至也
是以無有為有無有為有雖有神禹
且不能知吾獨且奈何哉
夫言非吹也言者有言其所言者特未定也
果有言邪其未嘗有言邪
其以為異於鷇音亦有辯乎其無辯乎
道惡乎隱而有真偽
言惡乎隱而有是非
道惡乎往而不存言惡乎存而不可道隱於小成言隱於榮華
故有儒墨之是非以是其所非而非其所是欲是其所非
而非其所是則莫若以明

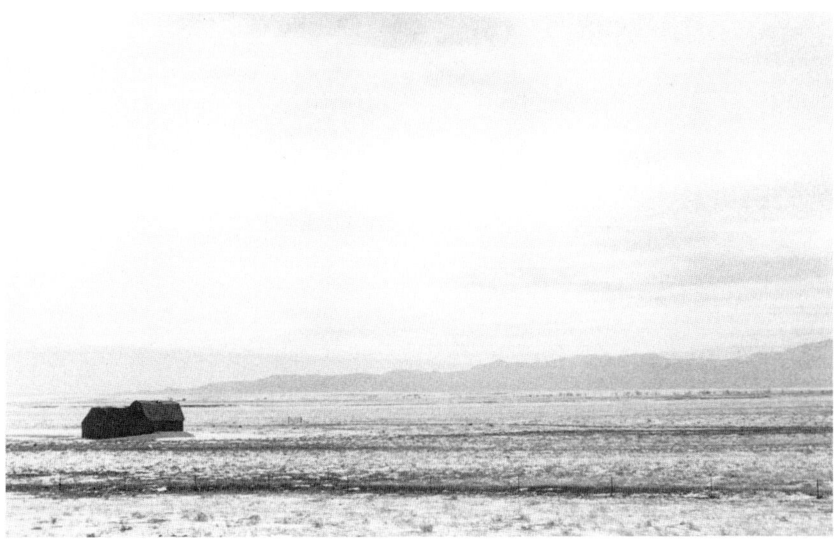

物無非彼物無非是自彼則不見自知則知之
故曰彼出於是是亦因彼彼是方生之說也
雖然方生方死方死方生方可方不可方不可方可因是因非
因非因是是以聖人不由而照之於天
亦因是也
是亦彼也彼亦是也
彼亦一是非此亦一是非
果且有彼是乎哉果且無彼是乎哉
彼是莫得其偶謂之道樞
樞始得其環中以應無窮
是亦一無窮非亦一無窮也
故曰莫若以明

Alles kann „dieses“, alles kann „jenes“ sein. Der eine Mensch kann die Dinge nicht so wahrnehmen, wie sie der andere sieht. Man kann die Dinge nur dann erkennen, wenn man sich selbst kennt. Daher heißt es: „'dieses' geht aus 'jenem', und 'jenes' geht aus ‚diesem' hervor - und das bedeutet, daß sich „dieses“ und „jenes“ gegenseitig hervorbringen. Das Leben entsteht aus dem Tod und der Tod aus dem Leben. Durch das, was angemessen ist, wird das erkannt, was unangemessen ist. Recht gibt es aufgrund von Unrecht und Unrecht aufgrund von Recht. Daher sorgt sich der Weise nicht um diese Unterscheidungen, sondern sucht nach der Erleuchtung vom Himmel. Auf diese Weise erkennt er „dieses“, nimmt aber auch wahr, daß „dieses“ gleichzeitig „jenes“ und „jenes“ gleichzeitig „dieses“ ist. „Jenes“ enthält Elemente von Recht und Unrecht, und „dieses“ enthält Elemente von Recht und Unrecht. Unterscheidet er immer noch zwischen „diesem“ und „jenem“, oder läßt er es sein? Wenn es zwischen „diesem“ und „jenem“ keine weitere Trennung mehr gibt, so wird dies der Ruhe-Punkt,des Tao genannt. An diesem ruhenden Punkt, im Zentrum der Kreisbewegung, kann man das Unendliche in allen Dingen erkennen. Das Rechte ist unendlich, und das Unrechte ist ebenfalls unendlich. Daher heißt es: „Halte dich an das Licht jenseits von Recht und Unrecht.“

Es ist nicht so gut, wenn man anhand von Fingern beweist, daß Finger keine Finger sind, als wenn man etwas anderes für den Beweis nimmt, daß Finger keine Finger sind. Es ist nicht so gut, wenn man anhand von Pferden beweist, daß Pferde keine Pferde sind, als wenn man etwas anderes für den Beweis nimmt, daß Pferde keine Pferde sind. „Himmel und Erde" sind wie ein Finger; „die zehntausend Dinge" sind wie ein Pferd.

Was annehmbar ist, ist anzunehmen; was unannehmbar ist, ist nicht anzunehmen. Ein Pfad bildet sich dadurch, daß man darauf wandert. Ein Ding hat einen Namen, weil es als etwas benannt wird. Warum verhält sich das so? Weil es ist. Warum verhält sich das nicht so? Weil es nicht ist. Alles hat sein eigenes Wesen und Wirken. Nichts ist ohne Wesen oder Wirken. Betrachte einen kleinen Pfeiler oder einen großen Stützbalken, einen Aussätzigen oder eine Schönheit, Dinge, die groß oder boshaft, unnatürlich und wunderlich sind. Im Tao kommen sie alle zur Einheit.

Wenn es Trennung gibt, dann gibt es auch Vereinigung. Wenn es Vereinigung gibt, dann gibt es auch Auflösung. Alle Dinge können zur Einheit kommen, wie auch immer ihr Seinszustand beschaffen sein mag. Nur wer über die Grenzen der Sinnenwelt hinausgegangen ist, nimmt dieses Eins-Sein wahr. Er weiß nichts mit Unterscheidungen anzufangen und weilt in der Beständigkeit. Ist man beständig, dann ist man nützlich. Ist man nützlich, dann erkennt und verwirklicht man die eigene wahre Natur. Die Verwirklichung der eigenen wahren Natur ist Glückseligkeit. Erreicht man Glückseligkeit, ist man nahe an Vollkommenheit. So kommt man zum Innehalten und weiß doch nicht, daß man innehält. Dies ist das Tao.

Wenn du deinen Geist bei dem Versuch zugrunde richtest, die Dinge vereinigen zu wollen, ohne zu wissen, daß sie bereits vereint sind, so wird dies „drei am Morgen" genannt? Was meine ich mit „drei am Morgen?" Ein Mann, der Affen hielt, sagte zu diesen: „Ihr bekommt drei Eicheln am Morgen und vier am Abend." Darüber wurden sie alle sehr erzürnt. Daher sagte er: „Wie steht es mit vieren am Morgen und dreien am Abend?" - und die Affen waren es zufrieden. Die Anzahl der Eicheln war die gleiche geblieben, aber ihre unterschiedliche Aufteilung bewirkte Unwillen oder Freude. Davon spreche ich gerade. Daher bringt der Weise Recht und Unrecht in Einklang miteinander und ruht im Gleichgewicht der Natur. Dies wird das gleichzeitige Wahrnehmen beider Seiten genannt.

以指喻指之非指不若以非指喻指之非指也
以馬喻馬之非馬不若以非馬喻馬之非馬也
天地一指也萬物一馬也可乎可不可乎不可
道行之而成
物謂之而然惡乎然然於然惡乎不然
不然於不然物固有所然物固有所可
無物不然無物不可故為是舉莛與楹
厲與西施恢恑憰怪道通為一
其分也成也其成也毀也凡物無成與毀復通為一
唯達者知通為一為是不用而寓諸庸
庸也者用也用也者通也通也者得也適得而幾矣因是已
已而不知其然謂之道勞神明為一而不知其同也謂之朝三何謂朝三
狙公賦芧曰朝三而暮四眾狙皆怒曰然則朝四而暮三眾狙皆悅
名實未虧而喜怒為用亦因是也是以聖人和之以是非
而休乎天鈞是之謂兩行

Bei den Alten der Vorzeit reichte das Wissen sehr tief. Was ist mit „tief" gemeint? Es reichte zurück bis zu der Zeit, wo noch nichts in Erscheinung getreten war. Es war so tief und umfassend, daß ihm nichts hinzugefügt werden konnte. Dann traten Menschen auf, die zwischen den Dingen unterschieden, sie aber noch nicht benannten. Später gaben sie den Dingen einen Namen, unterschieden jedoch noch nicht zwischen richtig und falsch. Als Recht und Unrecht auftauchten, geriet das Tao in Verfall. Mit dem Niedergang des Tao entstand das Verlangen. Gibt es wirklich Aufstieg und Untergang? Wenn es wirklich Aufstieg und Untergang gibt, spielt Chao Wen auf der Laute. Gibt es Aufstieg und Untergang nicht, spielt Chao Wen nicht auf der Laute.

Chao Wen spielte auf der Laute. Shia Kuang verbrachte seine Zeit mit dem Taktstock, und Hui Tse lehnte an einem Baumstumpf und übte sich in der Redekunst. Jeder dieser drei Meister war nahezu vollkommen in der ihm eigenen Kunst. Ihre Namen werden für immer und ewig in der Erinnerung bewahrt bleiben. Weil sie hervorstachen, unterschieden sie sich von anderen. Weil sie sich hervortaten, wollten sie andere durch ihre Kunst aufklären. Sie versuchten zu lehren, was nicht gelehrt werden konnte. Dies führte zu unverständlichen Erörterungen, wie über die wahre Natur des „Harten" und des „Weisen." Ihre Schüler folgten ihr ganzes Leben lang den Fußstapfen der Väter, erlangten jedoch keine Fertigkeiten. Wenn dies jedoch Fertigkeit genannt werden kann, dann habe sogar ich etwas fertiggebracht. Wenn dies nicht Fertigkeit genannt werden kann, dann haben weder ich noch andere irgend etwas fertiggebracht. Daher sucht der Weise nach richtiger Kenntnis von Verwirrung und Zweifel. Keine Unterscheidungen zu treffen, sondern in dem zu ruhen, was unwandelbar ist, wird die klare Schau genannt.

古之人其知有所至矣惡乎至
有以為未始有物者至矣盡矣
不可以加矣其次以為有物矣
而未始有封也其次以為有封焉
而未始有是非也是非之彰也
道之所以虧也道之所以虧
愛之所以成果且有成與虧乎哉
果且無成與虧乎哉
有成與虧故昭氏之鼓琴也
無成與虧故昭氏之不鼓琴也昭文之鼓琴也師曠之枝策也
惠子之據梧也三子之知幾乎皆其盛者也故載之末年
唯其好之也以異於彼其好之也欲以明之彼非所明而明之故以堅白之昧終
而其子又以文之綸終終身無成若是而可謂成乎
雖我亦成也若是而不可謂成乎物與我無成也
是故滑疑之耀聖人之所圖也為是不用而寓諸庸
此之謂以明

今且有言於此不知其與是類乎其與是不類乎
類與不類相與為類則與彼無以異矣雖然
請嘗言之有始也者有未始有始也者
有未始有夫未始有始也者有有也者有無也者
有未始有無也者有未始有夫未始有無也者
俄而有無矣而未知有無之果孰有孰無也
今我則已有謂矣而未知吾所謂之其果有謂乎
其果無謂乎天下莫大於秋毫之末而太山為小
莫壽於殤子而彭祖為夭天地與我並生
而萬物與我為一既已為一矣且得有言乎
既已謂之一矣且得無言乎一與言為二
二與一為三自此以往巧曆不能得而況其凡乎
故自無適有以至於三而況自有適有乎
無適焉因是已

Nun werde ich zu dir von etwas sprechen. Ich weiß nicht, worunter es fällt und ob es an dieser Stelle von Bedeutung ist oder nicht, aber an irgendeinem Punkt muß es seine Bewandtnis damit haben. Es ist überhaupt nichts Neues, und doch möchte ich es gerne sagen.

Es gibt einen Anfang. Dieser Anfang hat keinen Anfang. Diese Anfangslosigkeit des Anfangs kennt wiederum keinen Anfang. Es gibt Etwas. Es gibt Nichts. Es besteht ein Etwas vor dem Beginnen von Etwas und Nichts, und auch davor gibt es noch Etwas. Plötzlich gibt es Etwas und Nichts. Doch noch immer weiß ich zwischen Etwas und Nichts nicht zu unterscheiden, was das Etwas und was das Nichts ist. Nun habe ich gerade etwas gesagt, weiß aber wirklich nicht, ob ich irgend etwas gesagt habe oder nicht.

Es gibt nichts Größeres in der Welt als die Spitze einer Vogelfeder, und der Berg Tai ist klein. Niemand hat länger gelebt als ein totgeborenes Kind, und der alte Peng Tse ist in jungen Jahren gestorben. Himmel und Erde wachsen zugleich mit mir, und die zehntausend Dinge und ich sind eins. Wir sind bereits eins - was sonst bleibt da noch zu sagen? Und doch habe ich gerade gesagt, daß wir eins sind, daher gibt es auch noch meine Worte. Das Eine und das, was ich über das Eine sagte, ergeben zwei, und zwei und eins ergeben drei. So geht es fort und fort. Selbst ein geschickter Rechner kann hierbei kein Ende finden - wieviel weniger noch ein gewöhnlicher Mensch. Wenn wir vom Nichts zum Etwas weitergehen, erreichen wir die Drei. Wieviel weiter würden wir erst von Etwas zu Etwas gelangen? Genug, Genug. Hören wir besser auf.

夫道未始有封言未始有常為是而有畛也請言其畛
有左有右有倫有義有分有辯有競有爭
此之謂八德六合之外聖人存而不論
六合之內聖人論而不議
春秋經世先王之志
聖人議而不辯
故分也者有不分也
辯也者有不辯也
曰何也聖人懷之
眾人辯之以相示也
故曰辯也者有不見也

Am Anfang hatte das Tao keinen Namen. Worte sind nicht für die Ewigkeit bestimmt. Aufgrund von Worten gibt es Unterscheidungen. Diese Unterscheidungen will ich einmal beschreiben. Es gibt links, und es gibt rechts; es gibt natürliche Verbindung, und es gibt Verpflichtung; es gibt Urteilskraft, und es gibt Unterscheidungsvermögen; es gibt das Wettstreiten, und es gibt das Sichmühen. Diese werden die acht Wirkkräfte genannt.

Außerhalb der sechs Bereiche von Himmel, Erde und der vier Himmelsrichtungen nimmt der Weise alles an, redet jedoch nicht darüber. Innerhalb der sechs Bereiche spricht er darüber, fällt jedoch kein Urteil. Im Buch von Frühling und Herbst, der Geschichtsschreibung der alten Könige, fällt der Weise sein Urteil, zieht jedoch nichts in Zweifel. Wenn eine Teilung besteht, dann gibt es etwas, das nicht teilbar ist. Wenn es den Vorgang des Anzweifelns gibt, dann liegt etwas jenseits von Zweifel. Warum ist das so? Der Weise behält seine Weisheit für sich, während gewöhnliche Menschen ihr Wissen in lautem Wortschwall zur Schau stellen. Daher sage ich: „Wer lange Reden führt, ist nicht sehend."

Das Große Tao liegt jenseits von Beschreibung. Große Beweisführung bedarf keiner Worte. Große Güte ist nicht freundlich. Große Rechtschaffenheit ist nicht unbestechlich. Großer Mut ist nicht angriffslustig. Das Tao, welches sich offen zeigt, ist nicht das Tao. Worte, die etwas beweisen wollen, erfassen das Wesentliche nicht. Unaufhörliche Freundlichkeit hat keine Wirkung. Offensichtliche Rechtschaffenheit ist nicht glaubwürdig. Angriffslustiger Mut wird keinen Sieg erringen. Diese fünf sind rund und weich, doch können sie leicht eckig und unbiegsam werden.

Wenn man genug weiß, um dann innezuhalten, wenn man nicht mehr weiß, das ist Vollkommenheit.

Wer kann eine Beweisführung verstehen, die keine Worte gebraucht, und das Tao, welches nicht ausgedrückt werden kann? Wenn ein Mensch dies versteht, dann mag er ruhig die Schatzkammer des Himmels genannt werden. Laß in sie hineinströmen, und sie wird niemals gefüllt sein; laß aus ihr herausströmen, und sie wird niemals geleert sein. Doch niemand weiß, warum das so ist. Dies wird das verborgene Licht genannt.

Vor langer Zeit sagte der Kaiser Yao zu Shun: „Ich möchte gerne die Staaten Tsung, Kuei und Hsu Ao angreifen. Danach steht mir der Sinn von der Zeit an, seitdem ich den Thron bestieg. Warum ist das so?“

Shun entgegnete: „Diese drei Staaten fristen ihr kümmerliches Dasein inmitten von Unkraut und Gebüsch. Was sorgst du dich? Es gab einmal eine Zeit, da gingen zehn Sonnen gleichzeitig auf, und die zehntausend Dinge lagen voll im Licht. Und um wieviel stärker als diese Sonnen ist doch die Kraft der Tugend.“

夫大道不稱大辯不言大仁不仁
大廉不嗛大勇不忮道昭而不道
言辯而不及仁常而不成廉清而不信
勇忮而不成五者圓而幾向方矣
故知止其所不知至矣孰知不言之辯
不道之道若有能知此之謂天府
注焉而不滿酌焉而不竭而不知其所由來
此之謂葆光
故昔者堯問於舜曰我欲伐宗膾胥敖
南面而不釋然其故何也
舜曰夫三子者猶存乎蓬艾之間若不釋然何哉
昔者十日並出萬物皆照而況德之進乎日者乎

Yeh Chueh fragte Wang I: „Weißt du, was allen Dingen gemeinsam ist?"

„Wie sollte ich das wissen?" entgegnete dieser.

„Weißt du, daß du das nicht weißt?"

„Wie sollte ich das wissen?" entgegnete dieser wiederum.

„Dann gibt es also keinerlei Wissen von den Dingen?"

„Wie sollte ich das wissen? Laß es mich noch in die folgende Form bringen: Wie kannst du wissen, daß das, wovon ich behaupte, daß ich es weiß, in Wirklichkeit nicht das sein mag, was ich nicht weiß? Wie kannst du wissen, daß das, wovon ich behaupte, daß ich es nicht weiß, in Wirklichkeit nicht das sein mag, was ich weiß? Nun laß mich dir eine Frage stellen. Wenn ein Mensch an einem feuchten Ort schläft, wird sein Rücken schmerzen, und er wird halb gelähmt sein. Doch geschieht Aalen das gleiche? Wenn ein Mensch hoch in einem Baum lebt, wird er vor Angst zittern. Doch ergeht es Affen ebenso? Wer von diesen dreien kennt nun den rechten Ort zum Leben? Die Menschen essen Fleisch, das Wild verzehrt Gras, Tausendfüßler erfreuen sich an Würmern, Eulen und Krähen mögen gerne Mäuse. Wer von diesen vieren kennt nun die rechte Nahrung? Affen paaren sich mit Affen, Elch und Reh tun sich zusammen, und die Aale tummeln sich mit Fischen. Mao Chiang und Li Chi wurden von den Männern als Schönheiten angesehen. Wenn aber Fische sie sahen, pflegten sie an den Grund des Flusses zu tauchen. Wenn Vögel sie erblickten, pflegten sie davonzufliegen. Wenn Rehe sie zu Gesicht bekamen, pflegten sie fortzulaufen. Wer von diesen vieren erkennt nun wirkliche Schönheit?"

„So wie ich es sehe, sind die Grundsätze von Güte und Weisheit und die Pfade von Recht und Unrecht unentwirrbar mit einander vermischt und ineinander verworren. Wie kann ich da sagen, welches was ist?"

Yeh Chueh fragte: „Wenn du zwischen Gut und Böse nicht unterscheiden kannst, vermag dann der Vollkommene zwischen ihnen zu unterscheiden?"

Wang I entgegnete: „Der vollkommene Mensch lebt im Geist. Selbst wenn das große Moor in Flammen steht, wird er die Hitze nicht spüren. Selbst wenn die großen Flüsse zufrieren, wird er die Kälte nicht spüren. Selbst wenn Blitzstrahl und Donnerkeil die Berge zum Zerbersten bringen und Sturmböen das Meer aufpeitschen, wird er keine Furcht haben. Ein solcher Mensch kann sich auf Wolken und Nebel fortbewegen, Sonne und Mond besteigen und jenseits der vier Weltenmeere umherstreifen. Leben und Tod berühren ihn nicht. Um wieviel weniger wird er von Gut und Böse betroffen werden."

齧缺問乎王倪曰子知物之所同是乎曰吾惡乎知之
子知子之所不知邪曰吾惡乎知之然則物無知邪
曰吾惡乎知之雖然嘗試言之庸詎知吾所謂知之非不知邪
庸詎知吾所謂不知之非知邪且吾嘗試問乎女民濕寢則腰疾偏死
鰌然乎哉木處則惴慄恂懼猨猴然乎哉三者孰知正處
民食芻豢麋鹿食薦蝍蛆甘帶鴟鴉耆鼠四者孰知正味
猨猵狙以為雌麋與鹿交鰌與魚游毛嬙麗姬人之所美也
魚見之深入鳥見之高飛麋鹿見之決驟
四者孰知天下之正色哉自我觀之仁義之端是非之塗
樊然殽亂吾惡能知其辯齧缺曰子不知利害
則至人固不知利害乎王倪曰至人神矣
大澤焚而不能熱河漢沍而不能寒疾雷破山風振海
而不能驚若然者乘雲氣騎日月而遊乎四海之外
死生無變於己而況利害之端乎

Chu Chiao Tse fragte Chang Wu Tse: „Von Konfuzius habe ich gehört, daß sich der Weise nicht von weltlichen Angelegenheiten in Unruhe versetzen läßt. Er ist weder auf Gewinn aus noch sucht er Verlust zu vermeiden; nichts begehrt er, selbst an das Tao hängt er sich nicht. Manchmal sagt er etwas ohne Worte, und manchmal sagt er nichts mit seinen Worten. So wandert er jenseits vom Staub der Welt dahin. Konfuzius hielt diese Worte für ein bloßes Hirngespinst. Ich aber glaube, daß es sich dabei um den Weg des unbegreiflichen Tao handelt. Was meinst du?"

Chang Wu Tse entgegnete: „Diese Worte hätten selbst den Gelben Kaiser in Verwirrung gebracht, wie könnte Konfuzius sie also verstehen? Außerdem ziehst du deine Schlüsse zu schnell. Du siehst ein Ei, und augenblicklich lauschst du darauf, ob ein ausgewachsener Hahn kräht. Du erblickst einen Bogen, und schon hältst du nach einer gebratenen Taube Ausschau. Ich will dir eine unvollkommene Erklärung geben, nimm du sie aber nicht allzu wörtlich. Bist du damit einverstanden? Wie könnte einer seinen Platz neben Sonne und Mond einnehmen, das Universum umfangen, sich in Einheit mit allem befinden, sich jeglicher Einmischung enthalten und die soziale Ordnung mißachten? Gewöhnliche Menschen mühen und plagen sich ab. Der Weise handelt, ohne eine Wahl zu treffen. Er erlebt zehntausend Jahre wie ein Lebensalter. Für ihn sind die zehntausend Dinge, was sie sind, und doch bilden sie ein Ganzes."

瞿鵲子問於長梧子曰吾聞諸夫子
聖人不從事於務不就利不違害不喜求
不緣道無謂有謂有謂無謂
而遊乎塵垢之外夫子以為孟浪之言而
我以為妙道之行也吾子以為奚若
長梧子曰是黃帝之所聽熒也
而丘也何足以知之且女亦大早計
見卵而求時夜見彈而求鴞炙
予嘗為女妄言之女以妄聽之
奚旁日月挾宇宙為其脗合
置其滑涽以隸相尊
眾人役役聖人愚芚
參萬歲而一成純
萬物盡然而以是相蘊

予惡乎知說生之非惑邪予惡乎知惡死之非弱喪而不知歸者邪
麗之姬艾封人之子也晉國之始得之也涕泣沾襟
及其至于王所與王同筐床食芻豢而後悔其泣也
予惡乎知夫死者不悔其始之蘄生乎
夢飲酒者旦而哭泣夢哭泣者
旦而田獵方其夢也不知其夢也
夢之中又占其夢焉覺而後知其夢也
且有大覺而後知此其大夢也
而愚者自以為覺竊竊然知之
君乎牧乎固哉丘也與女皆夢也
予謂女夢亦夢也是其言也
其名為弔詭萬世之後而一遇大聖
知其解者是旦暮遇之也

„Wie kann ich sagen, daß die Liebe zum Leben nicht eine Täuschung ist? Wie kann ich wissen, ob sich ein Mensch, der den Tod fürchtet, nicht mit einem Menschen vergleichen läßt, der von zuhause aufgebrochen ist und Angst vor der Rückkehr hat? Die Dame Li war die Tochter des Grenzwarts von Ai. Als der Fürst von Chin sie zuerst zu seiner Gefangenen gemacht hatte, weinte sie, bis ihr Kleid von Tränen durchtränkt war. Als sie jedoch erst einmal im Palast des Fürsten lebte, das Bett mit ihm teilte und erlesene Speisen zu sich nahm, wunderte sie sich, warum sie jemals geweint hatte. Wie kann ich sagen, ob sich die Toten nicht darüber erstaunen, daß sie jemals am Leben gehangen haben?

Diejenigen, welche von einem großen Fest träumen, können am nächsten Morgen in Tränen ausbrechen. Diejenigen, welche von Weinen und Klagen träumen, können am nächsten Tag voller Freude auf die Jagd gehen. Während des Traumes wissen sie nicht, daß sie träumen. Sie können sogar ihre Träume noch während des Träumens deuten. Erst wenn sie aufwachen, erkennen sie, daß es sich um einen Traum gehandelt hat. Nach und nach wird es dann ein großes Erwachen geben; dann werden wir erkennen, daß alles dies ein großer Traum ist. Die Toren glauben, während der ganzen Zeit wach zu sein; sie geben vor, um die Dinge zu wissen und nennen diesen Menschen einen Herrscher und jenen Menschen einen Hirten. Wie töricht sie doch sind! Du und Konfuzius, ihr seid beide Träumer. Wenn ich sage, daß du träumst, so bin auch ich ein Träumer. Diese Worte mögen vielleicht widersinnig klingen. Doch nach zehntausend Generationen werden wir auf einen großen Weisen treffen, der alles dies enträtseln kann. Oder vielleicht kann sich dies auch heute jederzeit zutragen."

Nehmen wir einmal an, daß du und ich um Meinungen miteinander streiten. Wenn du gewinnst und ich verliere, bist du dann tatsächlich im Recht und ich im Unrecht? Und habe ich Recht und hast du unrecht, wenn ich gewinne und du verlierst? Sind wir beide teilweise im Recht und teilweise im Unrecht? Sind wir beide gänzlich im Recht oder gänzlich im Unrecht? Wenn du und ich nicht einmal die Wahrheit erkennen können, wird es anderen Menschen noch schwerer fallen.

Wen soll ich dann als Richter anrufen? Soll ich jemanden fragen, der mit dir übereinstimmt? Ist er bereits einer Meinung mit mir, wie kann er dann ein gerechtes Urteil fällen. Soll ich jemanden fragen, der uns beiden beipflichtet? Wenn er bereits beiden von uns zustimmt, wie kann er dann ein gerechtes Urteil fällen? Wenn du und ich und Dritte die Entscheidung nicht treffen können, sollen wir dann noch etwas anderes abwarten? Darauf zu warten, daß sich Meinungen verändern, ist wie das Warten auf Nichts. Wenn wir alles in Verbindung zum himmlischen Kosmos sehen und die unterschiedlichen Standpunkte so belassen, wie sie sind, können wir vielleicht bis zum Ende unserer Jahre leben.

Was meine ich damit, die Dinge in Verbindung zum himmlischen Kosmos zu sehen? Betrachte Recht und Unrecht, Sein und Nicht-Sein. Wenn das Rechte wirklich richtig ist, dann bedarf es keines Beweises, wie es sich vom Unrechten unterscheidet. Wenn das Sein wirklich existiert, dann bedarf es keines Beweises, wie es sich vom Nicht-Sein unterscheidet. Vergiß die Zeit; vergiß die Unterscheidung. Erfreue dich am Grenzenlosen; finde Ruhe darin.

既使我与若辯矣若勝我我不若勝若果是也
我果非也耶我勝若若不我勝我果是也而果非也耶
其或是也其或非也邪其俱是也其俱非也邪
我与若不能相知也則人固受其黮闇吾誰使正之
使同乎若者正之既与若同矣惡能正之使同乎我者正之
既同乎我矣惡能正之使異乎我与若者正之
既異乎我与若矣惡能正之使同乎我与若者正之
既同乎我与若矣惡能正之然則我与若与人
俱不能相知也而待彼也邪化聲之相待若其不相待
和之以天倪因之以曼衍所以窮年也
何謂和之以天倪曰是不是然不然是若果是也
則是之異乎不是也亦無辯然若果然也
則然之異乎不然也亦無辯
忘年忘義振於無竟故寓諸無竟

Der Kleine Schatten sagte zum Großen Schatten: „Vor einem kurzen Augenblick hast du dich noch bewegt, und nun stehst du still. Vor einem kurzen Augenblick hast du dich niedergesetzt, und nun stehst du auf. Warum diese ganze Unschlüssigkeit?"

Der Große Schatten entgegnete: „Bin ich nicht von anderen abhängig, um das zu sein, was ich bin? Sind nicht auch andere auf etwas anderes angewiesen, um das zu sein, was sie sind? Mir ergeht es ebenso wie der Schlange in der Abhängigkeit von ihrer Haut oder wie der Zikade in der Abhängigkeit von ihren Flügeln. Wie kann ich da sagen, warum ich dieses oder warum ich jenes tue?"

Ich, Tschuang Tse, träumte einmal, ich sei ein Schmetterling, der glücklich hin und her flatterte, der sich am Leben erfreute, ohne zu wissen, wer ich war. Plötzlich erwachte ich, und wirklich war ich wieder Tschuang Tse. Träumte nun Tschuang Tse, daß er ein Schmetterling, daß er Tschuang Tse sei? Irgendeine Unterscheidung zwischen Tschuang Tse und dem Schmetterling muß es ja geben. Es handelt sich wohl um einen Fall von Verwandlung.

罔兩問景曰曩子行今子止曩子坐今子起何其無特操與
景曰吾有待而然者邪吾所待又有待而然者邪
吾待蛇蚹蜩翼邪惡識所以然惡識所以不然
昔者莊周夢為胡蝶栩栩然胡蝶也自喻適志與不知周也
俄然覺則蘧蘧然周也不知周之夢為胡蝶與
胡蝶之夢為周與周與胡蝶則必有分矣此之謂物化

養生主

KAPITEL 3

Das Geheimnis des Wachstums

吾生也有涯而知也无涯
以有涯隨無涯殆已
已而為知者殆而已矣
為善无近名為惡无近刑
緣督以為經可以保身可以全生
可以養親可以盡年

Das Leben ist begrenzt, Wissen ist jedoch unbegrenzt. Für das Begrenzte ist es müßig, nach dem Unbegrenzten zu streben. Noch müßiger aber ist es, dies zu wissen und weiterhin nach Wissen zu streben. Vermeide Ruhm, wenn du Gutes tust. Vermeide Bestrafung, wenn du Böses tust. Wenn du in dieser Weise dem Mittleren Weg folgst, kannst du deinen Körper erhalten, dein Leben erfüllen, für deine Eltern sorgen und bis zum Ende der dir gesetzten Jahre leben.

庖丁為文恵君解牛手之所觸肩之所倚足之所履
膝之所踦砉然嚮然奏刀騞然莫不中音
合於桑林之舞乃中経首之會文恵君曰譆善哉
技蓋至此乎庖丁釈刀対曰臣之所好者道也
進乎技矣始臣之解牛之時所見無非牛者
三年之後未嘗見全牛也方今之時臣以神遇
而不以目視官知止而神欲行依乎天理
批大郤導大窾因其固然技経肯綮之未嘗
而況大軱乎良庖歳更刀割也族庖月更刀折也
今臣之刀十九年矣所解数千牛矣
而刀刃若新発於硎彼節者有間而刀刃者無厚
以無厚入有間恢恢乎其於遊刃必有餘地矣
是以十九年而刀刃若新発於硎雖然毎至於族
吾見其難為怵然為戒視為止行為遅動刀甚微
謋然已解如土委地提刀而立為之四顧為之躊躇満志
善刀而蔵之文恵君曰善哉吾聞庖丁之言得養生焉

Der Koch des Prinzen Wen Hui zerlegte einen Ochsen. Jeder Handgriff, jedes Heben der Schulter, jeder Fußtritt, jeder Druck mit dem Knie, das Aufschneiden und Abtrennen des Fleisches und das Surren des Messers - alles stand in vollkommenem Einklang zueinander, ebenso wie der Tanz des Maulbeerhains oder ein Teil aus der Symphonie des Ching Shou.

Der Prinz Wen Hui bemerkte: „Wie prächtig du doch deine Kunst beherrschst."

Der Koch legte sein Messer beiseite und sagte: „Es ist das Tao, dem dein Diener wahrhaft zugeneigt ist, und dieses geht über die bloße Kunstfertigkeit hinaus. Als ich zuerst mit dem Aufschneiden von Ochsen begann, sah ich nichts anderes als Ochsen. Nach drei Jahren der Übung sah ich nicht mehr den ganzen Ochsen vor mir. Jetzt arbeite ich mit meinem Geist, nicht mehr mit meinen Augen. Meine Sinne stellen ihr Wirken ein, und mein Geist übernimmt die Arbeit. Ich folge der natürlichen Faserung, lasse das Messer seinen Weg durch die vielen verborgenen Öffnungen finden, mache mir das zunutze, was da ist, ohne daß ich dabei ein Band oder eine Sehne, geschweige denn einen Gelenkknochen berühre.

Ein guter Koch wechselt sein Messer einmal im Jahr, weil er schneidet, während ein mittelmäßiger Koch es jeden Monat austauschen muß, weil er hackt. Ich habe dieses mein Messer seit neunzehn Jahren und habe damit Tausende von Ochsen zerlegt, und doch ist seine Schneide so, als käme sie frisch vom Schleifstein. Zwischen den Gelenken gibt es Hohlräume. Die Klinge des Messers ist nicht dick. Was nicht dick ist, findet genügend Raum, um seinen Weg durch diese Hohlräume zu finden. Daher ist meine Schneide nach neunzehn Jahren noch unverändert scharf. Wenn ich jedoch auf eine schwierige Stelle stoße, schätze ich das Gelenk ab, betrachte es sorgfältig, hefte meine Augen auf das, was ich tue, und arbeite mich langsam vorwärts. Mit einer kaum merklichen Bewegung des Messers teile ich dann den ganzen Ochsen auseinander. Seine Teile zerfallen wie Erdklumpen auf dem Boden. Da stehe ich, mit dem Messer in der Hand, und schaue mit dem freudigen Gefühl um mich, etwas geleistet zu haben. Dann wische ich das Messer sauber und lege es fort."

„Hervorragend!" sagte der Prinz. „Aus den Worten meines Kochs habe ich das Geheimnis des Wachstums erlernt."

公文軒見右師而驚曰是何人也惡乎介也天與其人與曰天也非人也
天之生是使獨也人之貌有與也以是知其天也非人也
澤雉十步一啄百步一飲不蘄畜乎樊中神雖王不善也

Als Kung Wen Hsien den Befehlshaber der Armee erblickte, rief er bestürzt aus: „Wer ist das denn? Warum hat er nur einen Fuß? War dies das Wirken des Himmels oder Menschenwerk?" Der Befehlshaber sagte: „Es war das Werk des Himmels, nicht der Menschen. Der Himmel machte mich zu einem Einfüßigen. Der Himmel bestimmt die menschliche Erscheinungsform, deshalb weiß ich, daß es der Himmel, nicht die Menschen waren. Der Sumpffasan muß zehn Schritte für einen Schnabel voller Nahrung, hundert Schritte für einen Schluck Wasser tun. Und doch möchte er nicht in einem Käfig gehalten werden. Selbst wenn er wie ein König mit Nahrung versorgt würde, wäre er nicht glücklich."

老聃死秦失弔之三號而出弟子曰非夫子之友邪曰然
然則弔焉若此可乎曰然始也吾以為其人也而今非也
向吾入而弔焉有老者哭之如哭其子
少者哭之如哭其母彼其所以會之
必有不蘄言而言不蘄哭而哭者
是遁天倍情忘其所受
古者謂之遁天之刑
適來夫子時也適去夫子順也
安時而處順哀樂不能入也
古者謂是帝之縣解
指窮於為薪
火傳也不知其盡也

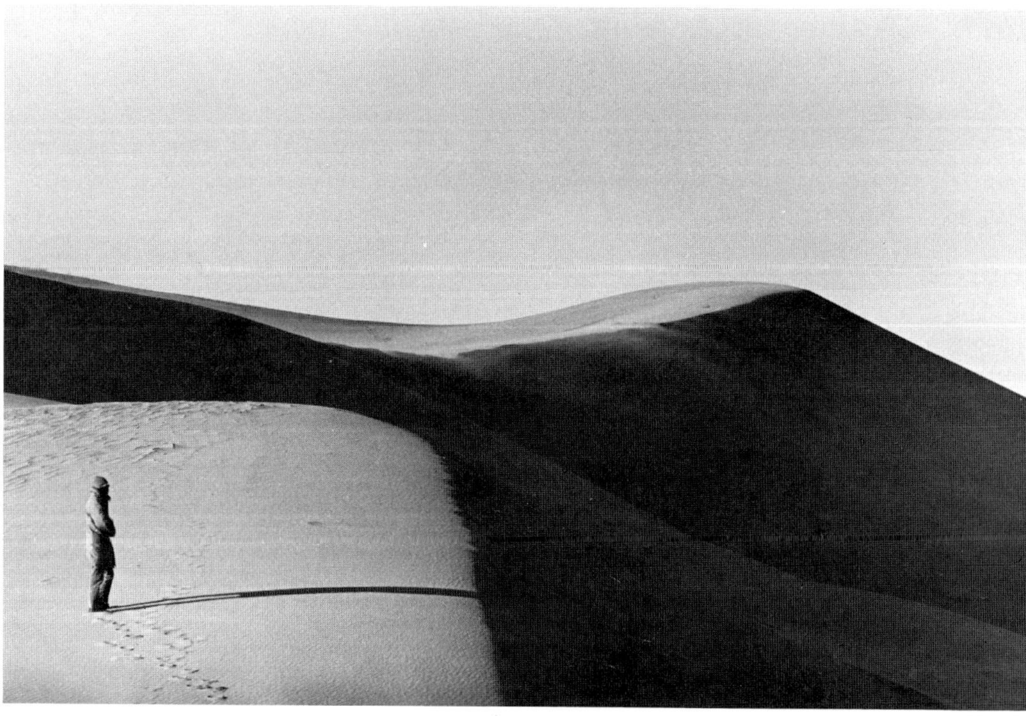

Als Lao Tse gestorben war, ging Chin Shih zum Begräbnis. Drei gellende Schreie stieß er aus, dann ging er wieder.

Ein Schüler sagte: „Bist du nicht ein Freund des Meisters gewesen?"

„Doch."

„Hast du denn dann in angemessener Weise um ihn getrauert?"

„Ja. Als ich zuerst dorthin kam, glaubte ich, daß sein Geist wirklich dort wäre. Nun aber weiß ich, daß er dies nicht war. Als ich dort hineinging, um ihn zu beklagen, jammerten die alten Menschen, so als hätten sie ihren Sohn verloren. Die jungen schluchzten, so als hätten sie ihre Mutter verloren. Da sie alle zusammengekommen waren, hatten sie ihre Worte und Tränen nicht mehr in der Gewalt. Dies aber bedeutet, vom Himmel abzuweichen, der Gefühlsseligkeit nachzugeben, das Natürliche zu mißachten. In den Tagen der Alten wurde dieses Vergehen die Übertretung des Naturgesetzes genannt.

Der Meister kam, weil es Zeit dafür war. Er ging wieder, weil er dem natürlichen Strom folgte. Gib dich mit dem Autenblick zufrieden und sei bereit, dem Strom zu folgen; dann wird es keinen Anlaß für Schmerz oder Freude geben. In den Tagen der Alten wurde dies das Freisein von Bindungen genannt. Das Holz wird verzehrt, aber das Feuer brennt weiter, und wir wissen nicht, wann es jemals aufhören wird."

人間世

KAPITEL 4

Menschliche Verhältnisse

Yen Hui ging zu Konfuzius, um Abschied zu nehmen.

Der Meister fragte: „Wohin willst du gehen?"

„Ich gehe nach Wei."

„Was wirst du dort tun?"

„Ich habe gehört, der Prinz von Wei sei jung und sein Verhalten willkürlich. Er kümmert sich nicht allzu sehr um sein Land und ist sich seiner Fehler nicht bewußt. Er macht sich nichts daraus, daß die Menschen sterben. Wie dichtes Gras im Moor liegen überall die Toten umher. Nirgendwo können sich die Menschen hinwenden. Dich, Meister, habe ich einmal sagen hören: 'Verlasse das Land, welches schon gut regiert wird, und gehe in ein Land, das sich im Chaos befindet.' Vor der Türe eines Arztes warten viele Kranke. Ich möchte deine Lehre dazu gebrauchen, um die Zustände dort zu heilen."

„Ach!" sagte Konfuzius. „Wenn du dich dorthin begibst, wirst du nur in Schwierigkeiten kommen. Das Tao muß rein bleiben. Wird ihm etwas beigemischt, dann entsteht Verwirrung. Wenn Verwirrung herrscht, dann entsteht Besorgnis. Mit Besorgnis kann es keine Hoffnung geben. Die Weisen der Vorzeit verwirklichten das Tao erst in sich selbst, ehe sie es anderen zur Kenntnis brachten. Wenn du nicht ganz sicher bist, ob du es in dir selbst trägst, wie kannst du dann das Handeln eines Gewaltherrschers verändern?

Weißt du überdies, wie sich Tugend vermindert und wie Gelehrsamkeit entsteht? Tugend geht an Ruhm zugrunde. Gelehrsamkeit geht aus dem Wettstreit hervor. Ruhm bewirkt, daß sich die Menschen gegenseitig bekämpfen. Gelehrsamkeit ist die Waffe für diesen Kampf. Beide können zu schädlichen Werkzeugen werden. Es sind keine Hilfsmittel für die Vollkommenheit. Selbst wenn du äußerst tugendhaft und vertrauenswürdig bist, aber keine Ein-Sicht in den Geist der Menschen hast, und selbst wenn du berühmt bist und nicht wetteiferst, aber keinen Einblick in die Gedanken der Menschen hast, dich aber statt dessen zu einem Gewaltherrscher begibst und ihm eine Strafpredigt über Güte, ethisches Verhalten, Maßstäbe und Grundsätze hältst, dann gebrauchst du nichts weiter als die Schwächen anderer, um deine eigene Überlegenheit vorzuführen. Damit verletzt man vorsätzlich andere Menschen. Wer andere kränkt, wird aber umgekehrt auch selbst Kränkung erfahren. Schließlich wirst du mit Wahrscheinlichkeit in eine mißliche Lage geraten."

顏回見仲尼請行曰奚之曰將之衛曰奚為焉曰回聞衛君其年壯其行獨輕用其國
而不見其過輕用民死死者以國量乎澤若蕉民其無如矣回嘗聞之夫子曰治國去之
亂國就之醫門多疾願以所聞思其則庶幾其國有瘳乎仲尼曰譆若殆往而刑耳
夫道不欲雜雜則多多則擾擾則憂憂而不救古之至人先存諸己而後存諸人
所存於己者未定何暇至於暴人之所行且若亦知夫德之所蕩而知之所為出乎哉
德蕩乎名知出乎爭名也者相軋也知也者爭之器也二者凶器非所以盡行也
且德厚信矼未達人氣名聞不爭未達人心而強以仁義繩墨之言術暴人之前者
是以人惡有其美也命之曰菑人菑人者人必反菑之若殆為人菑夫

且苟為悅賢而惡不肖惡用而求有以異若唯無詔王公必將乘人而鬭其捷
而目將熒之而色將平之口將營之容將形之心且成之是以火救火
以水救水名之曰益多順始無窮若殆以不信厚言必死於暴人之前矣
且昔者桀殺關龍逢紂殺王子比干是皆修其身以下傴拊人之民
以下拂其上者也故其君因其修以擠之是好名者也昔者堯攻叢枝胥敖
禹攻有扈國為虛厲身為刑戮其用兵不止其求實無已是皆求名實者也
而獨不聞之乎名實者聖人之所不能勝也而況若乎雖然若必有以也
嘗以語我來

„Wenn der Prinz aber in Wirklichkeit gute Menschen liebt und böse Menschen ablehnt, warum solltest du ihn dann zu ändern versuchen? Tut er dies nicht, so würdest du besser damit fahren, wenn du nichts sagst; denn wenn du diese Punkte aussprichst, wird der Prinz deine schwachen Stellen aufdecken und die Beweisführung gewinnen. Du wirst verwirrt und beschämt dastehen; du wirst eine Rechtfertigung nach der anderen finden und dich zum Schein geschlagen geben. Dein Geist wird zu seiner Denkweise geformt werden. Dies bedeutet, Feuer mit Feuer auszulöschen, einer Überschwemmung Wasser beizugeben; es wird ein Vermehren des Übermaßes genannt. Wenn du erst einmal damit anfängst, nachzugeben, werden deine Zugeständnisse kein Ende finden. Und wenn du dich entschieden gegen ihn aussprichst, wird er nicht auf dich hören und dich zweifellos hinrichten lassen.

In früheren Zeiten ließ Chieh den Kuan Lung Pang und Chou den Prinzen Pi Kan töten. Diese beiden Opfer waren tugendhafte Männer, die sich aufs äußerste anstrengten, dem einfachen Volk Erleichterung und Hilfe zu geben. Auf diese Weise verstießen sie gegen ihre Oberen. Ihre Herrscher ließen sie aufgrund ihrer Güte hinrichten. Dies war die Folge daraus, daß sie nach Ruhm für ihre Tugend strebten. Vor vielen Jahren griff Yao die Staaten von Tsung Chi und Hsu Ao an; Yu unternahm einen Angriff auf Yuo Hu. Diese Nationen wurden verwüstet und zerstört, ihre Herrscher getötet. Denn sie alle lagen beständig im Krieg und scheuten keine Anstrengung, immer mehr dazu zu gewinnen. Sie alle suchten nach Ruhm und Reichtum. Hast du niemals etwas von ihnen gehört? Selbst Weise können mit Ruhm und Reichtum nicht umgehen. Wie willst du es also können? Du mußt jedoch noch etwas anderes im Sinn haben. Komm' und sage mir, was es ist."

顏回曰端而虛勉而一則可乎曰惡惡可夫以陽為充孔揚
采色不定常人之所不違因案人之所感以求容與其心名之曰
日漸之德不成而況大德乎將執而不化外合而內不訾其庸詎可乎
然則我內直而外曲成而上比內直者與天為徒
與天為徒者知天子之與己皆天之所子
而獨以己言蘄乎而人善之蘄乎而人不善之邪
若然者人謂之童子是之謂與天為徒
外曲者與人之為徒也擎跽曲拳
人臣之禮也人皆為之吾敢不為邪
為人之所為者人亦無疵焉是之謂與人為徒
成而上比者與古為徒其言雖教讁之實也
古之有也非吾有也若然者雖直而不病
是之謂與古為徒若是則可乎
仲尼曰惡惡可大多政法而不諜
雖固亦無罪雖然止是耳矣夫胡可以及化
猶師心者也

Yen Hui entgegnete: „Wenn ich an nichts festhalte und auf mein Selbst vertraue, wenn ich standhaft und klaren Geistes bin - würde es so nicht gelingen?"

„Ach, wie könnte das gelingen? Du magst vielleicht einen mutigen Eindruck machen, aber an deinem Gesicht wäre deine Unsicherheit abzulesen, genauso, wie es bei jedem anderen wäre. Dieser Prinz findet sein Vergnügen darin, die Gefühle anderer auszunutzen. Er vermag nicht einmal die gewöhnlichen Tugenden zu üben. Wie kannst du da erwarten, daß er die höheren Tugenden zu schätzen weiß? Er wird starrsinnig und unbeugsam sein. Nach außen hin mag er zustimmen, aber im Innern seines Herzens wird es keine Wandlung geben. Wie kannst du auf diese Weise dein Ziel erreichen?"

„Nun, dann werde ich im Innern stark und nach außen nachgiebig sein. Ich werde mich mit Beispielen aus der Vorzeit wappnen. Wenn ich innerlich stark bin, so werde ich damit dem Himmel folgen. Dem Himmel folgend weiß ich, daß der Prinz und ich beide Söhne des Himmels sind. Warum sollte ich mir also etwas daraus machen, ob die Leute meinen Worten zustimmen oder nicht? Die Menschen nennen ein solches Wesen kindisch. Ich nenne dies dem Himmel nachfolgen.

Wenn ich äußerlich nachgiebig bin, so folge ich damit den Menschen. Die Schreibtafel hochheben, niederknien, sich bücken und beugen - dies ist das Verhalten eines Staatsdieners. Alle Menschen tun dies - warum nicht auch ich? Verhalte dich so wie die anderen, und es wird keine Mißhelligkeiten geben. Dies nenne ich den Menschen nachfolgen.

Wenn ich die Sitten und Bräuche wahre, folge ich damit der altüberlieferten Tradition. Selbst wenn meine Worte tadelnd und kritisch sein mögen, werden es nicht meine eigenen, sondern die Worte der Weisen sein. So brauche ich mich nicht zu fürchten, wenn ich sie ausspreche. Dies nenne ich der Überlieferung nachfolgen. Wird dies gelingen?"

Konfuzius sagte: „Wie könnte das gelingen? Du machst viel zu viele Pläne. Sie sind trefflich ausgearbeitet, aber nicht angemessen. Diese vorgefaßten Meinungen werden dich wahrscheinlich nicht in eine mißliche Lage bringen, aber weiter reicht ihre Wirkung auch nicht. Wie kannst du nur Einfluß auf ihn nehmen? Du bist noch allzu unbeweglich in deinem Denken."

Yen Hui meinte: „Das ist alles, was mir einfällt. Darf ich danach fragen, was ich tun soll?"

Konfuzius entgegnete: ‚Du mußt fasten. Ich werde dir sagen, warum. Ist es leicht, aus vorgefaßten Meinungen heraus zu handeln? Der Himmel blickt mißbilligend auf die herab, welche glauben, es sei leicht."

Yen Hui sagte: „Meine Familie ist arm. Viele Monate lang habe ich weder Wein getrunken noch Fleisch gegessen. Kann dies als Fasten betrachtet werden?"

Konfuzius entgegnete: „Diese Art des Fastens führt man aufgrund von Opferbräuchen aus. Es ist nicht das Fasten des Geistes."

Yen Hui sagte: „Darf ich danach fragen, was das Fasten des Geistes ist?"

Konfuzius entgegnete: „Dein Wille muß sich auf die Einheit ausrichten. Lausche nicht mit deinem Ohr, sondern mit deinem Verstand. Lausche nicht mit deinem Verstand, sondern mit deiner Lebensenergie. Das Ohr kann nur hören, der Verstand kann nur denken - die Lebensenergie aber ist leer und für alle Dinge empfänglich. Das Tao verweilt in der Leerheit. Die Leerheit ist das Fasten des Geistes."

Yen Hui meinte: „Ehe ich von all diesem hörte, war ich sicher, Hui zu sein. Nun, da ich es gehört habe, bin ich nicht mehr Hui. Kann dies Leerheit genannt werden?"

Konfuzius sagte: „Genau dies ist es. Laß es mich erklären. Du kannst in die Dienste dieses Menschen treten, aber mische dich nicht allzusehr ein. Sage dann etwas, wenn er zuhört. Tut er dies nicht, bleibe schweigsam. Gib dir keine Blöße, und es wird dir kein Schaden zugefügt werden. Verweile stets in der Einheit und nimm an, was auch immer geschieht. Dann bist du dem Gelingen nahe. Wenn du dich nicht bewegst, ist es leicht, unbemerkt zu bleiben. Schwierig aber ist es zu gehen, ohne den Boden zu berühren. Es ist leicht, in deinem Umgang mit den Menschen scheinheilig zu sein. Schwierig ist es, in deinem Umgang mit dem Himmel schein-heilig zu sein.

Du weißt, wie man fliegt und dabei Flügel gebraucht, aber du hast noch nicht erkannt, wie man ohne sie fliegt. Du verstehst, wie aus dem Wissen heraus zu handeln ist, aber du hast noch nicht erkannt, wie aus dem Nicht-Wissen heraus zu handeln ist. Blicke auf den leeren Raum. Aus der Leerheit heraus entsteht das Licht. Im Stillesein liegt Glück. Mangel an Stillesein bedeutet, zu sitzen und dabei umherzuwandern. Wenn du gegenüber allem offen bist, was du siehst und hörst, und es durch dich wirken läßt, werden selbst Götter und Geistwesen zu dir kommen - von Menschen ganz zu schweigen. Dies meint die Umwandlung der zehntausend Dinge, das Geheimnis der weisen Könige Yu und Shun, die ständige Übung von Fu Hsi und Chi Chu. Für gewöhnliche Menschen bringt sie sogar noch größeren Nutzen."

顏回曰吾无以進矣敢問其方仲尼曰齋吾將語若
有而為之其易邪易之者皞天不宜顏回曰
回之家貧唯不飲酒不茹葷者數月矣若此
則可以為齋乎曰是祭祀之齋非心齋也
回曰敢問心齋仲尼曰若一志无聽之以耳而聽之以心
无聽之以心而聽之以氣聽止於耳心止於符氣也者
虛而待物者也唯道集虛虛者心齋也
顏回曰回之未始得使實自回也得使之也未始有回也
可謂虛乎夫子曰盡矣吾語若若能入遊其樊
而无感其名入則鳴不入則止无門无毒一宅而寓於不得已
則幾矣絕迹易无行地難為人使易以偽為天使難以偽
聞以有翼飛者矣未聞以无翼飛者也聞以有知知者矣
未聞以无知知者也瞻彼闋者虛室生白吉祥止止
夫且不止是之謂坐馳夫徇耳目內通而外於心知
鬼神將來舍而況人乎是萬物之化也
禹舜之所紐也伏羲几蘧之所行終
而況散焉者乎

Tsu Kao, der Fürst von She, wurde mit einem besonderen Auftrag nach dem Staate Chi gesandt. Vorher ging er zu Konfuzius, um diesen zu Rate zu ziehen, und sagte: „Der König entsendet mich auf eine sehr wichtige Mission. Chi wird mich wahrscheinlich mit großer Achtung behandeln, jedoch nur zögernd unsere Besprechungen beginnen. Selbst ein gewöhnlicher Mensch läßt sich nicht leicht zur Eile drängen, geschweige denn ein Feudalherrscher. Ich bin voller Sorgen. Du hast immer zu mir gesagt: 'In allen Angelegenheiten, mögen sie groß oder klein sein, werden nur wenige ihr Ziel erreichen, ohne daß sie dem Tao folgen.' Wird diese Gesandtschaft nicht zum Erfolg führen, werde ich Kritik erfahren. Wird sie von Erfolg getragen sein, werde ich von Verwirrung und Sorge geplagt werden. Nur ein Weiser ist unbesorgt um Wirkungen - und daher berührt ihn das Ergebnis nicht. Ich esse einfache, ungewürzte Nahrung und brauche daher niemals kühlende Getränke. An einem Morgen erhielt ich diese Anweisungen, und schon am gleichen Abend trank ich große Mengen Wasser. Bin ich nicht bereits in fieberhafter Aufregung? Noch habe ich die tatsächlichen Umstände gar nicht gesehen, und schon werde ich von Besorgnis und Verwirrung geplagt. Wenn ich keinen Erfolg habe, bin ich dazu verurteilt, Kritik zu erfahren. Ich bin doppelt gebunden. Dies liegt außerhalb meiner Fähigkeit als Diener des Staates. Wirst du mir sagen was ich tun kann?"

葉子高將使於齊問於仲尼曰王使諸梁也甚重齊之待使者蓋將甚敬而不急
匹夫猶未可動而況諸侯乎吾甚慄之子常語諸梁也曰凡事若小若大
寡不道以懽成事若不成則必有人道之患事若成則必有陰陽之患
若成若不成而後無患者唯有德者能之吾食也執粗而不臧爨無欲清之人
今吾朝受命而夕飲冰我其內熱與吾未至乎事之情而既有陰陽之患矣
事若不成必有人道之患是兩也為人臣者不足以任之子其有以語我來

Konfuzius entgegnete: „In den Angelegenheiten der Welt kann man zwei allgemeingültige Prinzipien beobachten: das eine ist die natürliche Ordnung, das andere die Pflicht. Es ist natürlich, daß ein Sohn seine Eltern liebt; dies kann aus seinem Herzen nicht ausgelöscht werden. Es ist Pflicht, daß ein Mann seinem Herrscher Dienste leistet; überall dort, wohin er geht, wird es einen Herrscher geben. Es gibt kein Entkommen innerhalb der Grenzen von Himmel und Erde. Aus diesem Grunde werden sie allgemeingültige Prinzipien genannt. Deshalb besteht die vollkommene Zuneigung darin, die eigenen Eltern zu ehren, wo auch immer man sich befinden mag. Die vollkommene Treue besteht darin, dem eigenen Herrscher bereitwillig zu dienen, was auch immer geschieht. Die wahre Tugend besteht darin, unberührt von Trauer oder Freude dem eigenen Geist zu dienen und anzunehmen, was sich auch immer ereignet. Ob man nun Sohn oder Untertan ist - stets muß man irgend etwas Unumgängliches tun. Tue das, was zu tun ist, und schenke dir selbst keine Beachtung; dann wirst du keine Zeit zum Nachdenken darüber finden, daß du das Leben liebst und den Tod haßt. Fahre in dieser Weise fort, und alles wird einen guten Lauf nehmen.

Ich will zu dir noch von etwas anderem sprechen das ich gehört habe. Wenn die Staaten enge Bindungen untereinander haben, beweist sich ihr gegenseitiges Vertrauen durch Taten. Liegen sie weit voneinander entfernt, so muß sich ihr guter Wille durch Worte in der Form von Botschaften erneuern. Es ist jedoch das Allerschwierigste in der Welt, Botschaften der Freude oder Verärgerung zwischen zwei Parteien zu vermitteln. Wenn sie beide erfreut sind, muß dies zur Übertreibung von Schmeichelei führen; sind sie beide ärgerlich, muß dies zur Übertreibung von Tadel führen. Übertreibung lenkt von Wahrhaftigkeit ab. Ohne Wahrhaftigkeit kann es kein Vertrauen geben. Wenn kein Vertrauen vorhanden ist, werden sich die Gesandten in Gefahr befinden. Daher heißt es 'Sprich die Wahrheit und übertreibe nicht, dann wird dir kein Schaden zugefügt werden'."

„Überdies, wenn Ringkämpfer ihre Kraft gegeneinander messen, beginnen sie damit in einer heiteren und offenen Gemütsverfassung, sehen jedoch in der Regel zum Ende hin zornig aus. Auf dem Höhepunkt des Wettstreites werden viele geschickte Winkelzüge ausgespielt. Wenn die Menschen im Verlauf von Festlichkeiten trinken, beginnen sie in einer geordneten Art und Weise und enden schließlich in der Unordnung. Auf dem Höhepunkt der Gesellschaft wird Spaß zum Chaos. So verhält es sich mit allen Dingen. Sie beginnen mit gutem Willen und laufen auf Gemeinheit hinaus. Was am Anfang einfach war, wird am Ende verzerrt. Worte sind wie Sand und Wogen; Handeln enthält das Wagnis von Gewinn oder Verlust. Wind und Wogen werden leicht in Bewegung versetzt das Wagnis kann sich leicht in wirkliche Gefahr wandeln. Daher entsteht der Zorn aus nichts anderem als klugen Worten und Halbwahrheiten. Wenn sich Tiere dem Tod gegenübersehen, bekümmern sie sich nicht darum, welche Geräusche sie von sich geben. Wütend knurren und fauchen sie, und dann gehen sie zum Angriff über. Ebenso wendet sich ein Mensch um, wenn er zu weit vorgestoßen wird, und schlägt um sich, ohne daß er weiß, warum er dies tut. Wenn er selbst den Grund dafür nicht kennt, wer weiß dann, wohin dies führen wird? Daher heißt es: 'Weiche weder von deinen Anweisungen ab noch dränge darauf sie zum Ende zu bringen.'. Suche keine Dinge zu erzwingen. Es bringt Gefahr, von den Anweisungen abzuweichen oder auf ihren Abschluß zu drängen. Es braucht eine lange Zeit, damit eine Sache in der rechten Weise getan wird. Hast du einmal etwas falsch gemacht, kann es vielleicht zu spät sein, es noch zu ändern. Kannst du es dir erlauben, sorglos zu sein?

Sei daher im Fluß mit allem was geschehen mag und lasse deinen Geist frei sein. Bleibe dadurch in deinem Mittelpunkt, daß du mit allem einverstanden bist, was du tust. Dies ist das höchste Ziel. Wie könntest du deine Aufgabe anders ausführen? Am besten ist es, alles so zu belassen daß es auf natürliche Weise wirken kann - auch wenn dies nicht leicht ist."

且以巧闘力者始乎陽常卒乎陰大至則多奇巧
以禮飲酒者始乎治常卒乎亂大至則多奇樂凡事亦然
始乎諒常卒乎鄙其作始也簡其將畢也必巨夫言者
風波也行者實喪也夫風波易以動實喪易以危
故忿設無由巧言偏辭獸死不擇音氣息茀然
於是並生心厲剋核大至則必有不肖之心應之而不知其然也
苟為不知其然也孰知其所終故法言曰无遷令无勸成
過度益也遷令勸成殆事美成在久
惡成不及改可不慎與
且夫乘物以遊心託不得已以養中
至矣何作為報也莫若為致命
此其難者

顏闔將傅衛靈公太子而問於蘧伯玉曰
有人於此其德天殺與之為無方則危吾國
與之為有方則危吾身其知適足以知人之過
而不知其所以過若然者吾奈之何
蘧伯玉曰善哉問乎戒之慎之正汝身也哉
形莫若就心莫若和雖然之二者有患
就不欲入和不欲出形就而入且為顛為滅
為崩為蹶心和而出且為聲為名
為妖為孽
彼且為嬰兒亦與之為嬰兒
彼且為無町畦亦與之為無町畦
彼且為無崖亦與之為無崖
達之入於無疵

Yen Ho stand im Begriff, der Erzieher des Kronprinzen, Sohn des Fürsten Ling aus dem Staate Wei, zu werden. Er ging, um Chu Po Yu zu Rate zu ziehen, und sagte; "Es handelt sich hierbei um jemanden, der von Natur aus gewalttätig ist. Wenn ich ihn undiszipliniert lasse, wird der Staat in Gefahr geraten. Wenn ich ihn zurechtzuweisen suche, werde ich mich selbst gefährden. Er weiß genügend, um die Fehler von anderen zu sehen, aber nicht, um seine eigenen zu erkennen. Was soll ich unter diesen Umständen tun?"

Chu Po Yu entgegnete: „Das ist eine gute Frage. Sei auf der Hut, sei achtsam und davon überzeugt, daß du dich selbst richtig verhältst. Erscheine nachgiebig, aber erhalte die innere Harmonie aufrecht. Die Ausführung dieser beiden Dinge kann jedoch Gefahr in sich bergen. Während du nachgiebig bist, sei dir dessen gewiß, daß du in deinem Mittelpunkt ruhst. Während du die innere Harmonie aufrechterhältst, lasse dies nicht offen erkennen. Wenn du allzu nachgiebig bist und deinen Mittelpunkt verlierst, dann wirst du überwältigt und vernichtet werden, und dein Plan wird fehlschlagen. Wenn du deine Gemütsruhe zur Schau zu stellen suchst, wirst du Kritik und Verleumdung erfahren, ein Teufel und Sohn einer Hündin genannt werden. Wenn er Kind sein möchte, sei Kind mit ihm. Wenn er etwas Ausgefallenes tun möchte, tue etwas Ausgefallenes mit ihm. Will er unbekümmert sein, so sei unbekümmert mit ihm. Dann kannst du auf ihn einwirken und ihn zurück zur Besinnung bringen."

‚Kennst du die Geschichte von der Gottesanbeterin? Sie erhob ihren Flügel, um ein sich näherndes Gefährt zum Halten zu bringen, und war sich dessen nicht bewußt, daß dies über ihre Kraft ging. So hoch war ihre eigene Meinung von sich selbst. Gib acht und sei auf der Hut. Wenn du den Prinzen dadurch verletzt, daß du deine eigenen Fähigkeiten auffällig zur Schau stellst, beschwörst du Unheil herauf.

Weißt du, wie ein Tigerbändiger vorgeht? Aus Furcht davor, daß ihre Wildheit erwacht, wenn sie töten, geht er das Wagnis nicht ein, die Tiger mit lebenden Tieren zu füttern. Aus Furcht davor, daß ihre Wut erwacht, wenn sie die Tiere in Stücke reißen, geht er das Wagnis nicht ein, sie mit ganzen Tieren zu füttern. Er weiß, wann die Tiger hungrig und wann sie satt sind; demzufolge steht er in Verbindung zu ihrer wilden Natur. Die Gattung der Tiger unterscheidet sich von den Menschen, doch wenn man ihre Verhaltensweisen beobachtet, kann man sie soweit bändigen, daß sie sanftmütig sind. Sie werden nur dann töten, wenn sie erregt sind.

Ein Mann, der eine große Schwäche für Pferde hat, fängt den Dung in einem Korb und den Urin in einem Krug auf. Wenn sich eine Stechmücke oder Fliege auf dem Pferd niedersetzt und er sie allzu unvermittelt abbürstet, dann wird das Pferd sein Zaumzeug zerbrechen, den Mann am Kopf verletzen und ihm die Rippen brechen. Ein solcher Mensch hat gute Absichten, aber er übertreibt damit. Kannst du es dir erlauben, unbedacht zu handeln?“

汝不知夫螳螂乎怒其臂以當車轍不知其不勝任也是其才之美者也
戒之慎之積伐而美者以犯之几矣
汝不知夫養虎者乎不敢以生物與之為其殺之之怒也不敢以全物與之
為其決之之怒也時其飢飽達其怒心虎之與人異類而媚養己者順也
故其殺者逆也
夫愛馬者以筐盛矢以蜄盛溺適有蚊虻僕緣而拊之不時則缺銜毀首碎胸
意有所至而愛有所亡可不慎邪

Shih der Zimmermann befand sich auf dem Wege nach dem Staate Chi. Als er nach Chu Yuan gelangte, erblickte er einen Eichenbaum in der Nähe des Dorftempels. Der Baum war groß genug, um einigen tausend Ochsen Schatten zu spenden, und sein Umfang betrug hundert Armspannen. Weit überragte er die Hügelspitzen, und seine tiefsten Äste wuchsen erst viele Meter über dem Boden. Mehr als zehn seiner Äste waren groß genug, daß man Boote aus ihnen hätte machen können. Scharen von Menschen waren dort, wie auf einem Marktplatz. Meister Zimmermann wandte nicht einmal den Kopf, sondern schritt ohne anzuhalten weiter.

Sein Lehrling warf einen langen Blick darauf, dann rannte er Shih dem Zimmermann hinterher und sagte: „Seitdem ich meine Axt ergriff und dir folgte, Meister, habe ich niemals Nutzholz gesehen das so wunderbar wie dieses hier war. Du hast es dir jedoch nicht einmal angeschaut und bist ohne anzuhalten weitergegangen. Was hat das für einen Grund?"

Shih der Zimmermann entgegnete: „Genug! Sprich nicht weiter davon. Dieser Baum ist nutzlos. Ein daraus gearbeitetes Boot würde sinken, ein Sarg würde bald morsch werden, ein Werkzeug würde sich spalten, eine Tür würde schwitzen, und ein Balken wäre voller Ameisen. Als Zimmerholz ist er wertlos und läßt sich nicht gebrauchen. Aus diesem Grunde hat er ein derart hohes Alter erreicht.'

匠石之齊至乎曲轅
見櫟社樹其大蔽數千牛
絜之百圍其高臨山十仞而後有枝
其可以為舟者旁十數觀者如市
匠伯不顧遂行不輟
弟子厭觀之走及匠石曰
自吾執斧斤以隨夫子未嘗見材如此其美也
先生不肯視行不輟何邪
曰已矣勿言之矣散木也以為舟則沈以為棺槨則速腐
以為器則速毀以為門戶則液樠以為柱則蠹是不材之木也
無所可用故能若是之壽

Als Shih der Zimmermann nach Hause zurückgekehrt war, erschien ihm die Heilige Eiche im Traum und sagte: „Womit vergleichst du mich eigentlich? Vergleichst du mich mit nutzbringenden Bäumen? Es gibt Obstbäume mit Kirschen, Äpfeln, Pfirsichen, Orangen, Zitronen, Pampelmusen und weiteren Obstsorten. Sobald die Früchte reif sind, werden die Bäume geplündert und geschändet. Ihre großen Äste werden gespalten, die kleineren abgerissen. Aufgrund ihrer Nützlichkeit verläuft ihr Leben bitter. Aus diesem Grunde leben sie nicht ihr natürliches Leben bis zum Ende, sondern werden in ihrer Blüte gefällt. Sie ziehen die Aufmerksamkeit der gemeinen Welt auf sich. Dies gilt für alle Dinge. Was mich angeht, so habe ich es seit langem versucht, nutzlos zu sein. Einige Male wurde ich fast zugrunde gerichtet. Endlich bin ich ohne Nutzen, und dies ist für mich von großem Nutzen. Wäre ich nützlich gewesen, hätte ich dann jemals so groß heranwachsen können?

Außerdem sind du und ich beide Dinge. Wie kann ein Ding ein anderes Ding beurteilen? Was weiß denn schon ein sterbender und wertloser Mensch wie du von einem wertlosen Baum?“ Shih der Zimmermann wachte auf und versuchte, seinen Traum zu deuten.

Sein Lehrling meinte: „Wenn er solch ein großes Verlangen danach hat, nutzlos zu sein, weshalb dient er dann als heilige Stätte?“

Shih der Zimmermann sagte: „Pst! Sprich nicht weiter davon. Er gibt nur vor, eine solche zu sein, damit er nicht durch die Schaden erleidet, die nicht wissen, daß er nutzlos ist. Wäre er nicht zu einem heiligen Baum geworden, wäre er wahrscheinlich gefällt worden. Er schützt sich selbst anders als gewöhnliche Dinge. Wir werden das Wesentliche nicht begreifen, wenn wir ihn auf gewöhnliche Art und Weise beurteilen wollen.“

匠石歸櫟社見夢曰
女將惡乎比予哉若將比予於文木邪
夫柤梨橘柚果蓏之屬實熟則剝剝則
辱大枝折小枝泄
此以其能苦其生者也
故不終其天年而中道夭
自掊擊於世俗者也物莫不若是
且予求無所可用久矣幾死乃今得之為予大用
使予也而有用且得有此大也邪且也若與予也皆物也
奈何哉其相物也而幾死之散人又惡知散木
匠石覺而診其夢弟子曰趣取無用則為社何邪
曰密若無言彼亦直寄焉以為不知己者詬厲也不為社者且幾有翦乎
且也彼其所保與眾異以義喻之不亦遠乎

Nan Po Tsu Chi wanderte in den Hügeln von Shang umher, als er einen riesigen, außergewöhnlichen Baum erblickte. Tausend Vierspänner hätten in seinem Schatten Platz finden können. Tsu Chi sagte: „Was ist denn das für ein Baum? Er muß ganz besonderes Holz haben." Er blickte in die Höhe und sah, daß die kleineren Äste knorrig und krumm waren und keine Verwendung für Balken oder Sparren finden konnten. Er blickte nach unten und sah, daß der große Stamm gekrümmt und verknotet war und keine Verwendung für Särge finden konnte. Als er ein Blatt kostete, brannte ihm der Mund; als er daran roch, wurde er berauscht und verhielt sich drei Tage lang so, als wäre er betrunken. Tsu Chi meinte: „Fürwahr, dieser Baum taugt zu nichts. Kein Wunder, daß er so groß geworden ist. Das ist der Lauf der Welt. Vollkommene Menschen halten diese Wertlosigkeit wie einen Schatz in Ehren."

Ching Shih in der Provinz Sung ist ein günstiger Ort für das Anpflanzen von Trompetenbäumen, Zypressen und Maulbeerbäumen. Diejenigen Bäume, die den Umfang einer Spanne oder mehr erreichen, werden abgehauen, um Affenkäfige daraus zu machen. Haben sie drei oder vier Spannen, werden sie abgehauen, um Balken für hohe, vornehme Häuser daraus zu machen. Haben sie sieben oder acht Spannen, werden sie abgehauen, um Seitenbretter für die Särge der Adligen und reichen Kaufmannsfamilien daraus zu machen. Auf diese Weise erreichen diese Bäume niemals ihre volle Größe, sondern fallen in ihrer Blüte unter den Axtschlägen. Das sind die Gefahren, wenn man nützlich ist.

Auf die gleiche Weise mögen Ochsen mit weißer Stirn, Schweine mit aufwärts gerichteten Rüsseln und Menschen mit Hämorrhiden dem Flußgott nicht zum Opfer gebracht werden. Zauberpriester glauben, daß diese Geschöpfe Unglück bringen. Vollkommene glauben jedoch, daß sie vom Glück begünstigt sind.

南伯子綦遊乎商之丘見大木焉有異結駟千乘
隱將芘其所藾子綦曰此何木也哉此必有異材夫
仰而視其細枝則拳曲而不可以為棟梁俯而視其大根
則軸解而不可以為棺槨咶其葉則口爛而為傷
嗅之則使人狂酲三日而不已子綦曰此果不材之木也
以至於此其大也嗟乎神人以此不材
宋有荊氏者宜楸柏桑其拱把而上者求狙猴之杙者斬之
三圍四圍求高名之麗者斬之七圍八圍貴人富商之家
求禪傍者斬之故未終其天年而中道之夭於斧斤
此材之患也故解之以牛之白顙者與豚之亢鼻者
與人有痔病者不可以適河此皆巫祝以知之矣
所以為不祥也此乃神人之所以為大祥也

支離疏者頤隱於臍肩高於頂會撮指天五管在上兩髀爲脇
挫鍼治繲足以餬口鼓筴播精足以食十人上徵武士
則支離攘臂而游於其間上有大役
則支離以有常疾不受功
上與病者粟則受三鍾與十束薪
夫支離其形者
猶足以養其身
終其天年
而況支離其德者乎

Es war einmal ein Buckliger mit Namen Shu. Sein Kinn ruhte auf dem Nabel, seine Schultern überragten den Kopf, und der Halsknochen wies in den Himmel. Seine fünf lebenswichtigen Organe waren auf den Kopf gestellt und seine Hüften befanden sich auf gleicher Höhe wie die Rippen. Mit Nähen und Wäschewaschen verdiente er genug für seinen Lebensunterhalt. Durch Reinigen und Durchsieben von Getreide verdiente er genug, um davon zehn Menschen zu ernähren. Wenn die Herrschenden eine Armee aufstellten, kam und ging er, ohne daß er sich verstecken mußte. Wenn ein großes öffentliches Vorhaben geplant war, wurde ihm keine Arbeit zugeteilt, weil er als chronischer Invalide galt. Wenn die Regierung kostenlos Getreide an die Kranken verteilte, erhielt er drei Maß und zehn Bündel Feuerholz. Wenn ein Mensch, dessen Körper außergewöhnlich ist, für sich selbst sorgen und bis zum natürlichen Ende seiner Tage leben kann, wieviel leichter muß dies erst für einen Menschen sein, dessen Verhalten außergewöhnlich ist.

孔子適楚楚狂接輿遊其門曰鳳兮鳳兮
何如德之衰也來世不可待往世不可追也
天下有道聖人成焉天下無道聖人生焉
方今之時僅免刑焉福輕乎羽莫之知載
禍重乎地莫之知避已乎已乎臨人以德
殆乎殆乎畫地而趨迷陽迷陽
无傷吾行吾行郤曲无傷吾足
山木自寇也膏火自煎也
桂可食故伐之漆可用故割之
人皆知有用之用而莫知无用之用也

Als sich Konfuzius im Staate Chu aufhielt, stand Chieh Yu, der Irre von Chu, vor seinem Tor und rief: ,O Phönix, o Phönix, wie ist es mit der Tugend bergab gegangen! Auf die Zukunft kann man nicht warten. Der vergangenheit kann man nicht hinterherjagen. Wenn das Tao in der Welt ist, erlangt der Weise die Vollkommenheit; wenn das Tao abwesend ist, wartet der Weise lediglich den rechten Augenblick ab. Das Beste, was du in solchen Zeiten tun kannst, ist, dich aus Schwierigkeiten herauszuhalten. Glücksein ist ebenso leicht wie eine Feder, aber niemand weiß es zu tragen. Unglück ist ebenso schwer wie die Erde, aber niemand weiß es zu umgehen. Genug! Genug davon, den Menschen die Tugend entgegenzuhalten. Hüte dich! Hüte dich davor, dich mühsam entlang dieses markierten Pfades zu schleppen. O Dornen, Dornen! Ihr hemmt nicht meinen Weg. Mein Pfad windet sich um euch herum. Ihr verletzt meine Füße nicht.

Die Bäume im Gebirge verlangt es danach, daß sie abgehauen werden. Öl, das ins Feuer gegeben wird, zehrt sich selbst auf. Der Zimtbaum ist genießbar, darum wird er gefällt. Der Lackbaum ist nützlich, darum wird er aufgeschlitzt. Jedermann kennt den Nutzen des Nützlichen, aber niemand weiß um den Nutzen des Nutzlosen.“

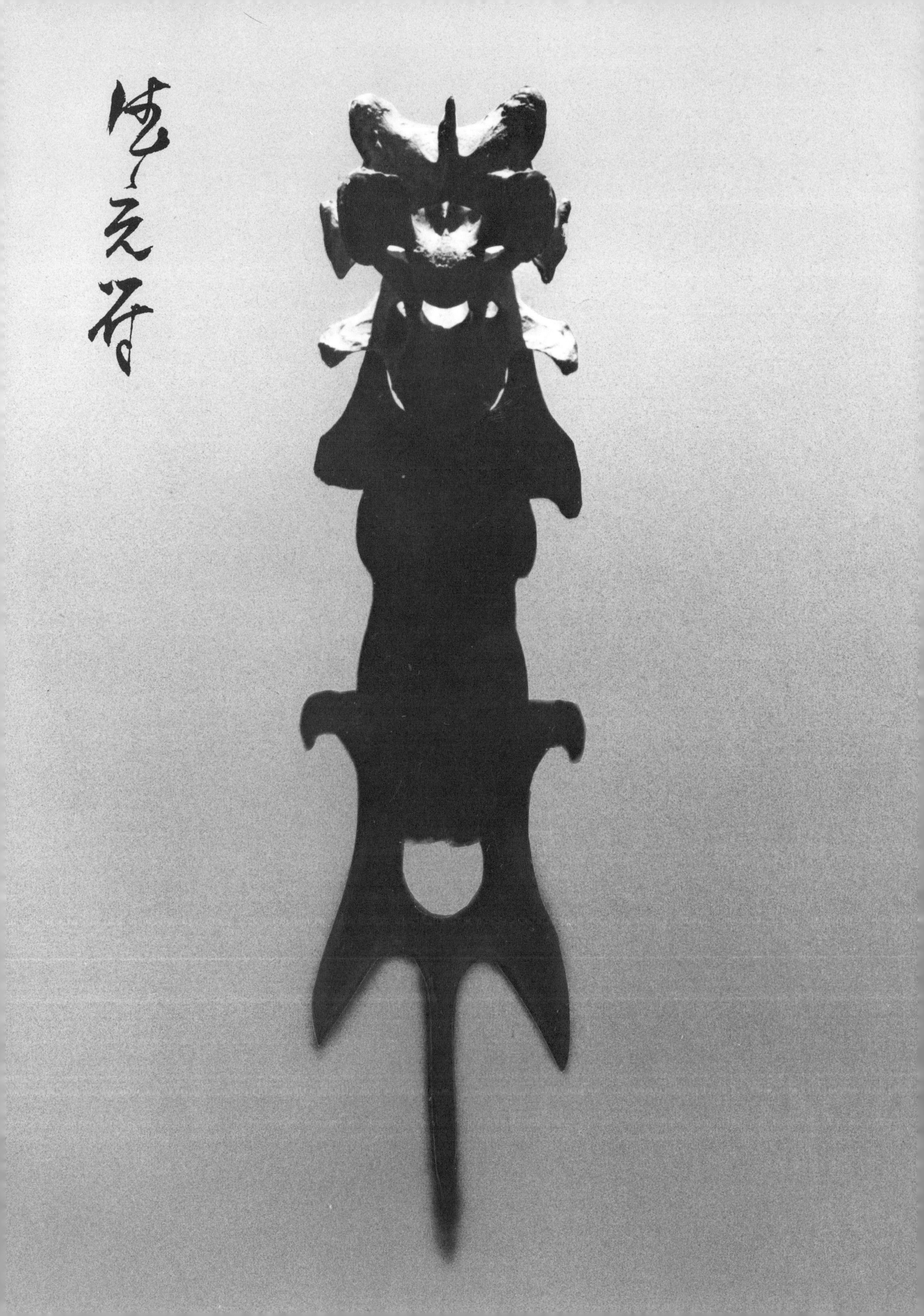

KAPITEL 5

Anzeichen für vollkommene Tugend

魯有兀者王駘從之遊者與仲尼相若常季問於仲尼曰王駘
兀者也從之遊者與夫子中分魯立不教坐不議虛而往
實而歸固有不言之教無形而心成者邪是何人也
仲尼曰夫子聖人也丘也直後而未往耳丘將以為師
而況不若丘者乎奚假魯國丘將引天下而與從之
常季曰彼兀者也而王先生
其與庸亦遠矣若然者
其用心也獨若之何仲尼曰
死生亦大矣而不得與之變
雖天地覆墜亦將不與之遺
審乎無假而不與物遷
命物之化而守其宗也常季曰
何謂也仲尼曰自其異者視之
肝膽楚越也自其同者視之萬物皆一也
夫若然者且不知耳目之所宜而遊心乎德之和
物視其所一而不見其所喪
視喪其足猶遺土也

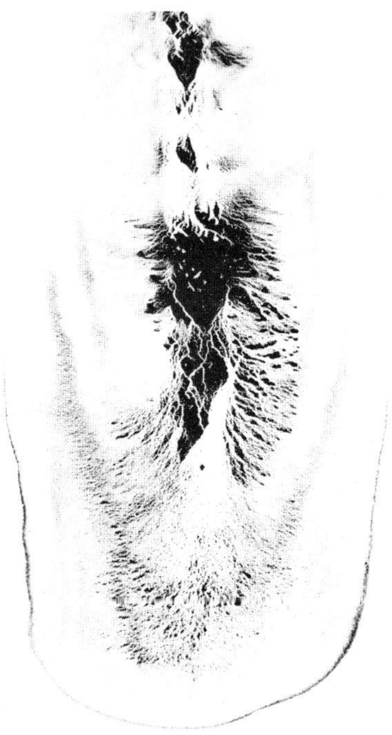

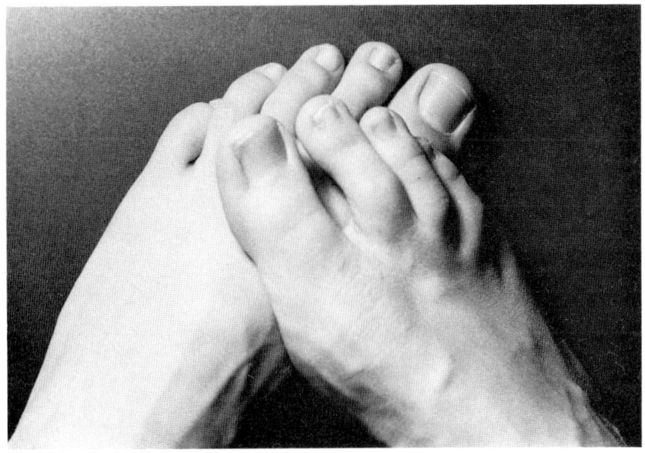

Im Staate Lu lebte ein Mann mit Namen Wang Tai, der hatte nur einen Fuß. Er hatte ebensoviele Anhänger wie Konfuzius. Chang Chi fragte Konfuzius: „Dieser Wang Tai ist ein Krüppel, und doch hat er im Staate Lu ebensoviele Anhänger wie du. Wenn er sich erhebt, gibt er keine Belehrung. Wenn er sich niedersetzt, spricht er kein einziges Wort. Die Menschen gehen leer zu ihm hin, und erfüllt kehren sie zurück. Gibt es denn etwas Derartiges wie eine Lehre ohne Worte? Kann der Geist vollkommen sein, wenn der Körper mißgestaltet ist? Was ist das für ein Mensch?"

Konfuzius entgegnete: „Dieser Mensch ist ein Weiser. Ich war bisher nur ein wenig zu nachlässig darin, ihn aufzusuchen. Ich selbst werde ihn zu meinem Lehrer machen. Warum solltet ihr nicht alle, die ihr meine Schüler seid, das gleiche tun? Ich werde die ganze Welt, nicht nur den Staat Lu dahinbringen, zu seinen Füßen zu sitzen."

Chang Chi sagte: „Er ist ein Krüppel, und doch kann er dein Lehrer sein. Er muß ein ganz außergewöhnlicher Mensch sein. Was ist denn so einzigartig an der Art und Weise, wie er seinen Geist gebraucht?"

Konfuzius entgegnete: ‚Tod und Leben sind bedeutsam, und doch können sie ihm nichts anhaben. Himmel und Erde mögen zusammenbrechen, er aber bleibt unbewegt. Er nimmt die eigentliche Realität wahr und wird von den äußeren Erscheinungsformen nicht beeinflußt. Er läßt sich die Dinge auf natürliche Weise verwandeln, und so hält er an den Wurzeln fest."

Chang Chi fragte: „Was meinst du damit?"

Konfuzius sagte: „Wenn wir die Dinge vom Standpunkt ihrer Verschiedenheit betrachten, so gleichen Leber und Galle einander ebensowenig wie der Staat Chu im Westen dem Staat Yueh im Osten. Wenn wir das wahrnehmen, was in allen Dingen gleich ist, dann sind die zehntausend Dinge eins. Wer die Dinge in diesem Lichte sieht, läßt sich nicht durch das ablenken, was durch seine Ohren und Augen zu ihm gelangt, sondern er läßt seinen Geist der natürlichen Harmonie folgen. Er erkennt alle Dinge als eins und ist nicht beunruhigt über Verlust. Für ihn ist der Verlust seines Fußes nichts anderes, als wenn er ebensoviel Schmutz von sich geworfen hätte."

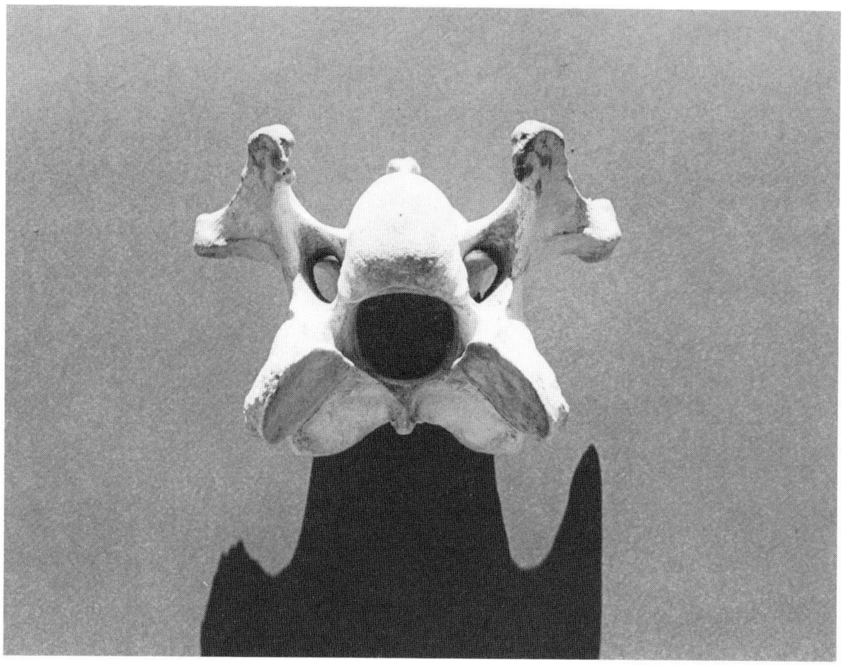

常季曰彼為己以其知得其心以其心得其常心
物何為最之哉仲尼曰人莫鑑於流水
而鑑於止水唯止能止眾止受命於地
唯松柏獨也在冬夏青青受命於天
唯舜獨也正幸能正生以正眾生
夫保始之徵不懼之實勇士一人雄入於九軍
將求名而能自要者而猶若是
而況官天地府萬物直寓六骸
象耳目一知之所知而心未嘗死者乎
彼且擇日而登假人則從是也
彼且何肯以物為事乎

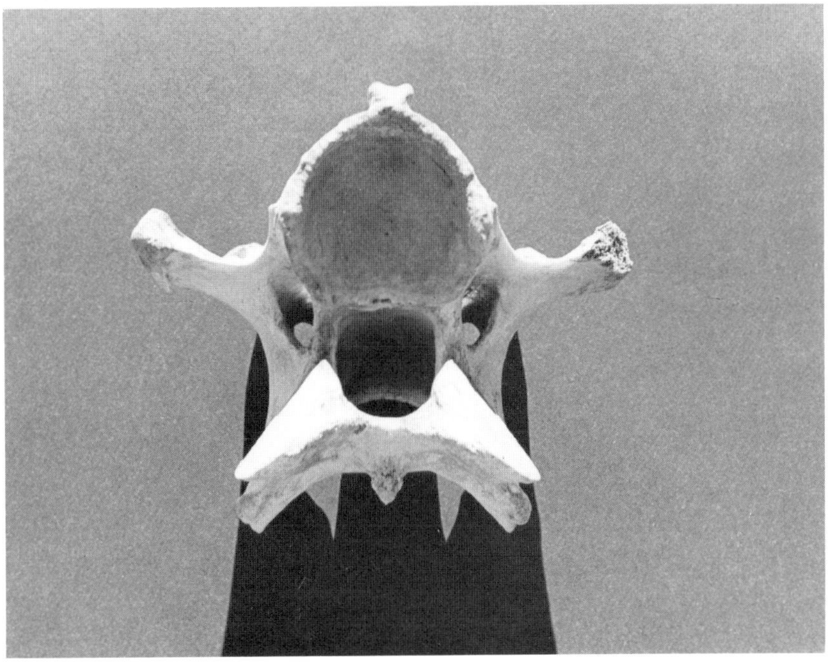

Chang Chi meinte; „Er bleibt ganz für sich. Er gebraucht sein Wissen, damit er seinen Geist zur Vollkommenheit bringt, und er setzt diesen Geist dafür ein, daß er das Universalbewußtsein erlangt. Warum wenden sich ihm die Menschen in solcher Zahl zu?"

Konfuzius entgegnete: „Die Menschen können ihr Spiegelbild nicht in fließendem Wasser, sondern nur in ruhendem Wasser erkennen. Allein das, was in sich selbst ruht, kann die Sucher nach Ruhe ruhig werden lassen. Von denjenigen Dingen, die ihre Lebenskraft aus der Erde empfangen, ragen einzig die Pinien- und Zypressenbäume hervor. Sommer wie Winter bleiben sie grün. Von denjenigen, die ihre Lebenskraft vom Himmel empfangen, war allein der weise König Shun nach oben ausgerichtet. Er war von Glück begünstigt und vermochte sein eigenes Leben und von daher das Leben anderer zu ordnen. Die Grundlage der Tapferkeit ist, sich fest an die eigenen Wurzeln zu halten. Ein einziger beherzter Soldat kann neun Heere überwinden. Wenn er dies einfach dadurch zuwege bringt, weil es ihn nach Anerkennung verlangt, wieviel mehr kann dann durch jemanden ausgerichtet werden, der über Himmel und Erde herrscht, der die zehntausend Dinge umfängt, der nur eine Zeitlang in einem Körper weilt, dessen Augen und Ohren lediglich zum Formen von Abbildern da sind, der das gesamte Wissen in sich vereinigt und niemals die Erfahrung des Todes macht? Bald schon wird er, zu einem Zeitpunkt nach seiner eigenen Wahl, diese staubige Welt verlassen und sich auf eine andere Ebene erheben. Die Welt wird ihm ganz selbstverständlich folgen. Warum sollte er sich auf die Angelegenheiten der Welt einlassen?"

Shen Tu Chia war als Bestrafung ein Fuß abgehackt worden. Er und Tsu Chan, der Erste Minister des Staates Cheng, waren Schüler von Po Hun Wu Jen.

Tsu Chan sagte zu Shen Tu Chia: „Wenn ich zuerst hinausgehe, bleibst du hier, gehst du zuerst hinaus, so will ich hierbleiben."

Am nächsten Tag saßen sie wieder gemeinsam in der Halle auf der gleichen Matte. Tsu Chan sagte zu Shen Tu Chia: „Wenn ich zuerst hinausgehe, bleibst du hier. Gehst du zuerst hinaus, so will ich hierbleiben. Wirst du nun jetzt hierbleiben oder nicht, wo ich mich anschicke, hinauszugehen? Ich könnte noch hinzufügen, daß du mir nicht einmal aus dem Wege gehst, wenn du mich siehst. Glaubst du vielleicht, daß du einem Ersten Minister gleichgestellt bist?"

Shen Tu Chia entgegnete: „Gibt es im Hause unseres Meisters überhaupt etwas Derartiges wie einen Ersten Minister? Vielleicht bist du stolz darauf, Erster Minister zu sein und über allen zu stehen. Ich habe gehört, wenn ein Spiegel klar ist, daß sich Staub und Schmutz nicht darauf absetzen. Wenn sie es doch tun, dann ist er nicht wirklich klar. Wenn man während einer langen Zeit bei einem Weisen bleibt, wird man keine Fehler mehr haben. Nun, du suchst nach großen Dingen bei unserem Meister, und doch sprichst du noch so. Ist das richtig?"

申徒嘉兀者也而與鄭子產同師於伯昏無人
子產謂申徒嘉曰我先出則子止子先出則我止
其明日又與合堂同席而坐子產謂申徒嘉曰
我先出則子止子先出則我止今我將出子可以止乎
其未邪且子見執政而不違子齊執政乎
申徒嘉曰先生之門固有執政焉如此哉
子而說子之執政而後人者也
聞之曰鑑明則塵垢不止止則不明也
久與賢人處則無過今子之所取大者先生也
而猶出言若是不亦過乎

Tsu Chan sagte: „Schau' dich einmal selbst an! Du glaubst wohl noch, daß du ebenso gut wie Yao sein kannst. Überprüfe deine Tugenden. Vielleicht hast du alle Ursache, sie zu überdenken."

Shen Tu Chia meinte: „Es gibt viele, die ihre Fehler rechtfertigen, damit sie einer Bestrafung entgehen, und wenige sind es, die ihre Fehler nicht rechtfertigen und es ablehnen, Schonung zu erfahren. Allein der Tugendhafte kann sich jedoch in das Unvermeidliche fügen und es als Schicksal annehmen. Wer vor der Zielscheibe des Bogenschützen Yi einherschlendert, wird getroffen werden. Wird er nicht getroffen, so ist dies Schicksal. Viele Menschen, die beide Füße haben, lachen mich deshalb aus, weil ich nur einen habe. Gewöhnlich ging ich dabei vor Zorn in die Luft. Seitdem ich aber bei dem Meister lerne, habe ich mich völlig verändert. Vielleicht hat er mich mit seiner Güte reingewaschen. Ich bin seit neunzehn Jahren mit dem Meister zusammen, und ich war mir niemals dessen bewußt, daß ich nur einen einzigen Fuß habe. Von dir und mir wird nun angenommen, daß wir uns mit unserem inneren Selbst beschäftigen, und doch wendest du deine Aufmerksamkeit meinem äußeren Körper zu. Ist das richtig?"

Tsu Chan war aus der Fassung gebracht; sein Gesichtsausdruck veränderte sich, und er bat Shen Tu Chia, nichts weiter zu sagen.

子產曰子既若是矣猶與堯爭善計子之德不足以自反邪
申徒嘉曰自狀其過以不當亡者眾不狀其過以不當存者寡
知不可奈何而安之若命唯有德者能之遊於羿之彀中
中央者中地也然而不中者命也人以其全足笑吾不全足者多矣
我怫然而怒而適先生之所則廢然而反不知先生之洗我以善邪
吾與夫子遊十九年矣而子索我於形骸之外不亦過乎
子產蹴然改容更貌曰子無乃稱

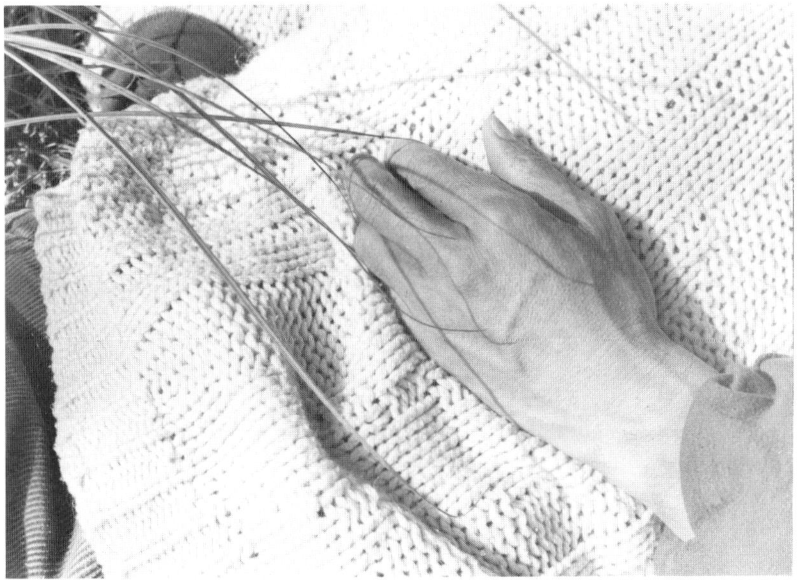

魯有兀者叔山无趾踵見仲尼仲尼曰
子不謹前既犯患若是矣雖今來何及矣
无趾曰吾唯不知務而輕用吾身
吾是以亡足今吾來也猶有尊足者存
吾是以務全之也夫天无不覆地无不載
吾以夫子為天地安知夫子之猶若是也
孔子曰丘則陋矣夫子胡不入乎請講以所聞
无趾出孔子曰弟子勉之夫无趾兀者也
猶務學以復補前行之惡而況全德之人乎
无趾語老聃曰孔丘之於至人其未邪
彼何賓賓以學子為彼且蘄以諔詭幻怪之名聞
不知至人之以是為己桎梏邪老聃曰
胡不直使彼以死生為一條以可不可為一貫者
解其桎梏其可乎无趾曰天刑之安可解

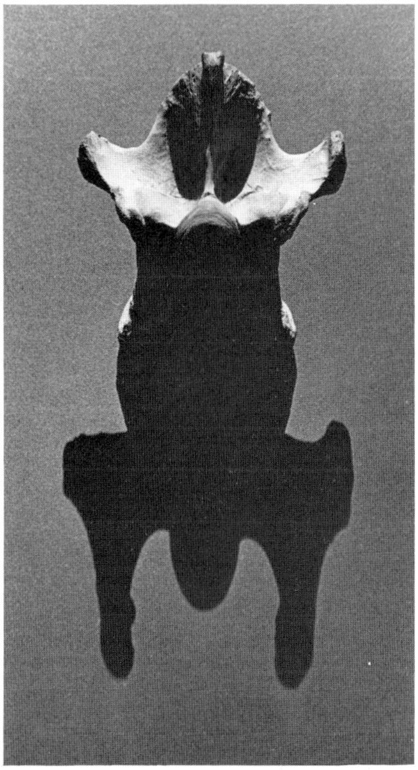

In Lu lebte einmal ein Krüppel mit Namen Shu Shan Ohnezehen. Er kam auf seinen Fersen herangegangen, um Konfuzius zu treffen. Konfuzius sagte: „Du bist nicht vorsichtig gewesen. Du hast ein Verbrechen begangen und selbst dieses Unglück über dich gebracht. Was für einen Nutzen hat es, wenn du jetzt zu mir kommst?"

Ohnezehen entgegnete: „Ich wußte nicht, wie ich mich in rechter Weise zu verhalten hatte und ging leichtfertig mit meinem Körper um - daher verlor ich meine Zehen. Ich bin mit etwas Kostbarerem als Zehen hierhergekommen, und dieses suche ich zu bewahren. Es gibt nichts, was der Himmel nicht beschirmt. Es gibt nichts, was die Erde nicht ernährt. Ich dachte, daß du, Meister, wie Himmel und Erde wärest. Wie konnte ich wissen, daß du mich in dieser Weise empfangen würdest?"

Konfuzius sagte: „Dies war töricht von mir. Warum magst du nicht hineinkommen? Laß uns miteinander sprechen."

Aber Ohnezehen ging heraus.

Konfuzius sagte: „Das ist eine gute Belehrung, ihr Schüler! Ein zehenloser Krüppel ist immer noch dazu bereit, seine Verstöße der Vergangenheit wiedergutzumachen. Wieviel mehr kann erst von denjenigen getan werden, die kein derartiges Unglück erlebten."

Ohnezehen ging, um Lao Tse zu treffen, und sagte: „Ist Konfuzius denn noch kein Vollkommener? Warum bleibt er dabei, dich nachzuahmen? Er sucht dadurch Ansehen zu erlangen, daß er vorgibt, seltsame und außergewöhnliche Dinge zu wissen. Er weiß nicht, daß wirklich Weise diese als Handschellen und Fesseln betrachten."

Lao Tse entgegnete: „Warum bringst du ihn nicht einfach dazu, daß er erkennt, daß Leben und Tod von einem Faden verbunden werden, daß sie auf gleicher Linie sind, nur von verschiedenen Seiten aus betrachtet - und befreist ihn auf diese Weise von seinen Handschellen und Fesseln? Wäre das möglich?"

Ohnezehen meinte: „Wenn ihn der Himmel bestrafen will, wer kann ihn dann befreien?"

Der Fürst Ai von Lu befragte Konfuzius: „In Wei lebte ein häßlicher Mann mit Namen Ai Tai To. Die Menschen um ihn herum hielten jedoch soviel von ihm, daß sie niemals von ihm fortgehen konnten. Wenn junge Frauen ihn erblickten, sagten sie ihren Eltern, daß sie lieber seine Konkubinen als die Ehefrauen anderer Männer sein wollten. Es gab zehn oder mehr derartige Fälle. Niemals versuchte er andere zu führen, sondern er bewegte sich immer mitten unter den Menschen. Niemals befand er sich in der Position eines Herrschers, der das Leben der Menschen hätte schützen können. Er war auch kein reicher Mann, der die Bäuche der Menschen hätte füllen können. Überdies war er so abstoßend, daß er alles unter dem Himmel in Schrecken versetzen konnte. Er stimmte mit den Menschen überein, ließ jedoch niemals seine Überredungskunst bei ihnen spielen. Er wußte nur von dem, was sich an dem Ort ereignete, wo er lebte. Und doch suchten Männer wie Frauen seine Gesellschaft. Es muß irgend etwas Besonderes an ihm sein, so dachte ich. Daher ließ ich ihn für ein Gespräch zu mir kommen, und tatsächlich war er von erschreckender Häßlichkeit. Doch während des ersten Monats, den er bei mir verbrachte, erkannte ich nach und nach, daß es etwas an diesem Menschen gab, und innerhalb eines Jahres vertraute ich ihm völlig. Als mein Staat einen Ersten Minister brauchte, bot ich ihm das Amt an. Er zögerte mit einer Antwort und suchte Ausflüchte, so als wolle er ablehnen. Ich fühlte mich beschämt, aber schließlich übertrug ich ihm die Regierungsgewalt. Bald darauf verließ er mich und ging fort. Ich war darüber so betrübt, als wäre ich in Trauer. Ich hatte niemanden mehr, mit dem ich die Freude über mein Reich teilen konnte. Was ist dies für ein Mensch gewesen?"

Konfuzius sagte: „Als ich mich einmal auf einer Gesandtschaft im Staate Chu befand, sah ich, wie einige kleine Schweine an ihrer toten Mutter saugten. Nach einer Weile blickten sie plötzlich auf sie. Dann rannten sie alle fort und ließen sie zurück, denn sie erwiderte ihren Blick nicht mehr. Sie war ihnen nicht mehr gleich. Was sie an ihrer Mutter geliebt hatten, war nicht ihr Körper, sondern das, was ihrem Körper seine Lebenskraft gab. Wird ein Mann im Kampf getötet und wird er begraben, dann sind Orden nicht mehr von Nutzen für ihn. Wenn ein Mensch keine Füße hat, sorgt er sich nicht um Schuhe. Beide Menschen haben etwas Wesentliches verloren. Die Konkubinen des Königs schneiden weder ihre Fingernägel noch durchstechen sie ihre Ohrläppchen. Wenn ein Mann jung verheiratet ist, hält er sich von seinen öffentlichen Pflichten fern und wird mit keinen Gesandtschaften betraut. So wichtig ist es, den Körper vollständig zu erhalten - wieviel wichtiger ist es erst, die Tugend zu bewahren. Nun denn, Ai Tai To sagte nichts, und es wurde ihm vertraut. Er erreichte nichts und wurde geliebt. Daher bot ihm jemand die Regierungsgewalt an und befürchtete einzig, daß er ablehnen würde. Er muß die vollkommene Harmonie ohne irgendeine äußere Erscheinungsform von Tugend erlangt haben."

魯哀公問於仲尼曰衛有惡人焉曰哀駘它丈夫與之處者
思而不能去也婦人見之請於父母曰與為人妻寧為夫子妾者
十數而未止也未嘗有聞其唱者也常和人而已矣
無君人之位以濟乎人之死無聚祿以望人之腹又以惡駭天下
和而不唱知不出乎四域且而雌雄合乎前是必有異乎人者也
寡人召而觀之果以惡駭天下與寡人處不至以月數
而寡人有意乎其為人也不至乎期年而寡人信之國無宰
寡人傳國焉悶然而後應氾而若辭寡人醜乎卒授之國
無幾何也去寡人而行寡人卹焉若有亡也若無與樂是國也
是何人者也仲尼曰丘也嘗使於楚矣適見㹠子食於其死母者
少焉眴若皆棄之而走不見己焉爾不得類焉爾所愛其母者
非愛其形也愛使其形者也戰而死者其人之葬也不以翣資
刖者之屨無為愛之皆無其本矣為天子之諸御不爪翦不穿耳取妻者止於外
不得復使形全猶足以為爾而況全德之人乎
今哀駘它未言而信無功而親使人授己國唯恐其不受也
是必才全而德不形者也

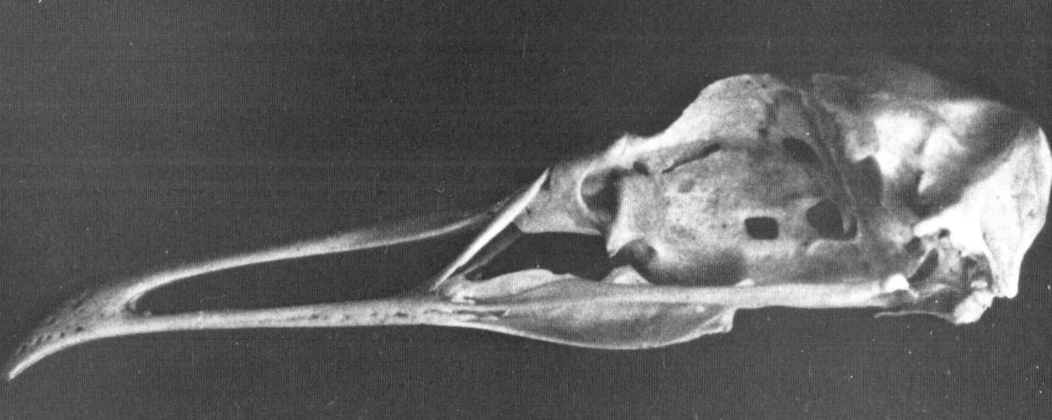

哀公曰何謂才全仲尼曰死生存亡窮達貧富賢與不肖毀譽飢渴寒暑
是事之變命之行也日夜相代乎前而知不能規乎其始者也
故不足以滑和不可入於靈府使之和豫通而不失於兌使日夜無郤
而與物為春是接而生時於心者也是之謂才全
何謂德不形曰平者水停之盛也其可以為法也內保之而外不蕩也
德者成和之修也德不形者物不能離也
哀公異日以告閔子曰始也吾以南面而君天下執民之紀而憂其死
吾自以為至通矣今吾聞至人之言恐吾無其實輕用吾身而亡其國
吾與孔丘非君臣也德友而已矣

Der Fürst Ai fragte: „Was meinst du damit, die vollkommene Harmonie zu erlangen?"

Konfuzius erwiderte: „Leben und Tod, Gewinn und Verlust, Fehlschlag und Erfolg, Armut und Reichtum, Wert und Wertlosigkeit, Lob und Tadel, Hunger und Durst, Kälte und Hitze - sie alle sind natürliche Veränderungen innerhalb der Ordnung der Dinge. Sie wechseln einander ab wie Tag und Nacht. Niemand weiß, wo das eine aufhört und das andere beginnt. Daher sollten sie unseren Frieden nicht stören oder in unsere Seele eindringen. Führe dein Leben so, daß du in Gemütsruhe, in Harmonie mit der Welt und voller Freude bist. Habe bei Tag und bei Nacht mit allen Dingen an der Zeit des Frühlings teil, und erschaffe so die Jahreszeiten in deinem eigenen Herzen. Dies wird das Erlangen vollkommener Harmonie genannt."

„Und worin besteht dieses Fehlen einer äußeren Erscheinungsform von Tugend?"

Konfuzius entgegnete: „Das Gleichgewicht ist der vollkommene Zustand von ruhendem Wasser. Dieses soll unser Vorbild sein. Es bleibt ruhig im Innern und ist nicht bewegt an der Oberfläche. Tugend bedeutet, die vollkommene Harmonie erlangt zu haben. Weil Tugend keine äußere Form hat, kann sich ihr nichts entziehen."

Später berichtete der Fürst Ai dem Ming Tse darüber und sagte: „Als ich mich zuerst nach Süden wandte und die Leitung der Regierungsgeschäfte übernahm, die Menschen lenkte und für ihr Leben sorgte, dachte ich, daß ich mein Möglichstes als Herrscher tun würde. Nun, da ich die Worte eines Vollkommenen gehört habe, befürchte ich, daß mein Tun nicht das Wesentliche enthält. Ich habe meine Energie in törichter Weise vergeudet und schade meinem Lande. Konfuzius und ich sind nicht mehr als Untertan und Herrscher, sondern als geistige Gefährten miteinander verbunden."

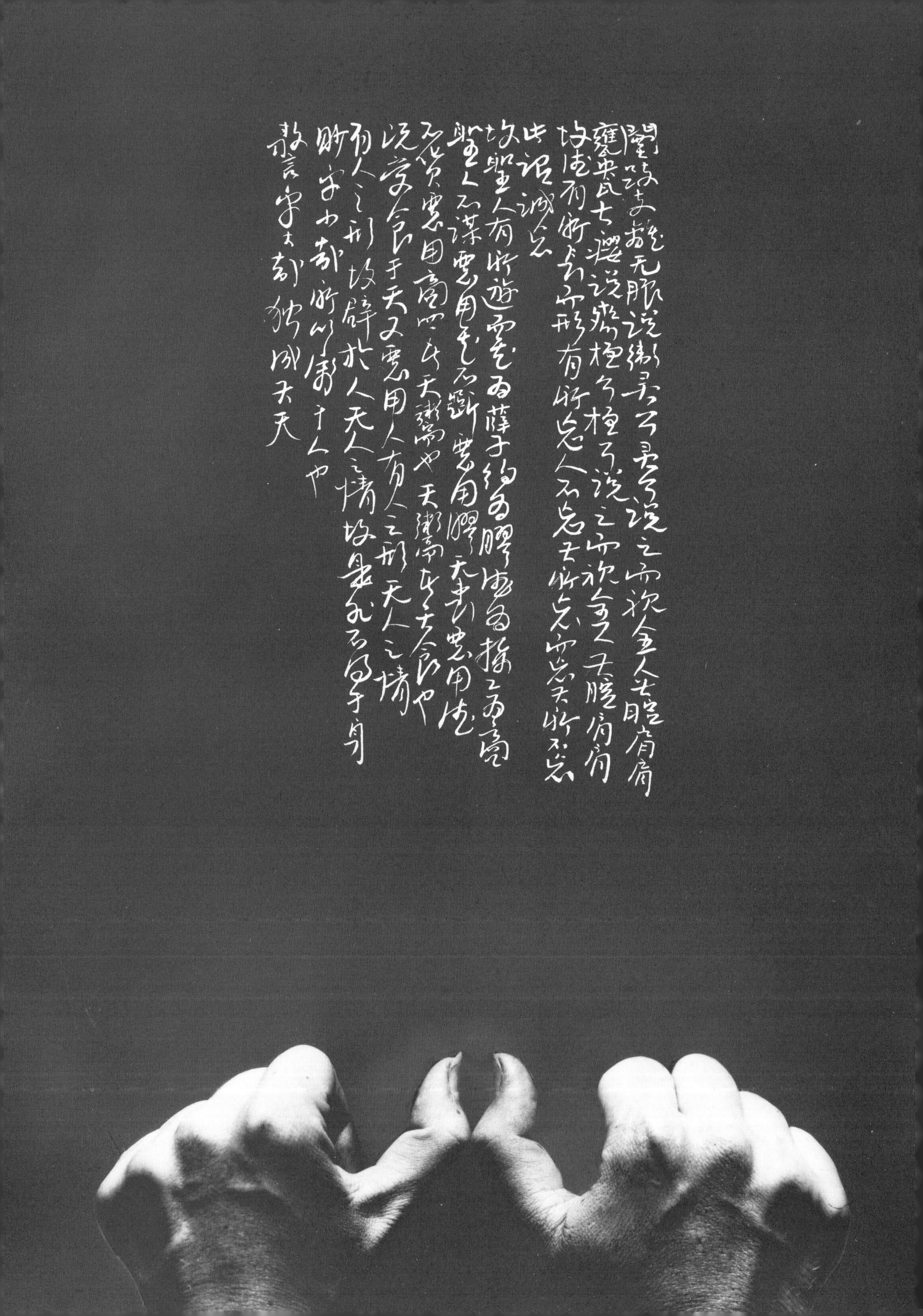

Klumpfuß-Höcker-Ohnelippen sprach mit dem Fürsten Ling von Wei. Der Fürst Ling war derart begeistert von ihm, daß ihm, sah er normale Menschen, deren Hälse dünn und hager erschienen. Topfgroßer-Kropf sprach mit dem Fürsten Huan von Chi. Der Fürst Huan war derart begeistert von ihm. daß auch er glaubte, wenn er normale Menschen sah, ihre Hälse seien dünn und hager. So geraten die äußeren Erscheinungsformen in Vergessenheit, wenn sich die Güte deutlich zeigt. Die Menschen vergessen nicht, was vergessen werden sollte, sondern sie vergessen, was nicht vergessen werden sollte. Dies ist wirkliche Vergeßlichkeit. Daher läßt der Weise alles an seinem Geiste vorbeiziehen. Für ihn ist Bildung etwas Aufgesetztes, gesellschaftliche Konventionen sind wie Leim, Sittlichkeit ist eine Fessel, und Fertigkeiten sind gut zum Handeltreiben. Der Weise macht keine Pläne - welchen Nutzen hat er also von Bildung? Er trifft keine Unterteilungen - welchen Nutzen hat er also von Leim? Es mangelt ihm an nichts - welchen Nutzen hat er also von Sittlichkeit? Er hat nichts zu verkaufen - welchen Nutzen hat er also vom Handel? Seine Bedürfnislosigkeit an diesen vier Dingen ist eine Gabe des Himmels. Diese Gabe ist seine himmlische Nahrung. Was bedarf er der Menschen, wenn der Himmel ihn nährt? Er hat das Aussehen, nicht aber die Wünsche eines Menschen. Er hat das Aussehen eines Menschen, daher schließt er sich mit den Menschen zusammen. Die Wünsche eines Menschen hat er nicht, daher wird er nicht von Recht oder Unrecht betroffen. Wie unendlich klein ist das, was ihn zu einem Menschen macht. Wie unendlich groß ist das, was ihn dem Himmel gegenüber vollkommen macht.

Hui Tse fragte Tschuang Tse: „Kann ein Mensch wirklich wunschlos leben?"

„Ja," sagte Tschuang Tse.

„Wenn aber ein Mensch wunschlos ist," so meinte Hui Tse, „wie kann er dann ein Mensch genannt werden?"

Tschuang Tse sagte: „Das Tao gibt ihm sein Auftreten, und der Himmel gibt ihm seinen Körper. Warum sollte er nicht ein Mensch genannt werden?"

Hui Tse fragte: „Wenn er als Mensch bezeichnet wird, wie kann er da ohne Wunsch sein?"

Tschuang Tse erwiderte: „Das meine ich nicht mit Wunsch. Wenn ich sage, daß er wunschlos ist, so meine ich damit, daß er sein inneres Wohlbefinden nicht durch Anziehung und Abstoßung stört. Er nimmt die Dinge so an, wie sie sind, und sucht sie nicht zu verbessern."

Hui Tse sagte: „Wenn ein Mensch nicht versucht, die Dinge, so wie sie sind, zu verbessern, wie kann er dann überleben?"

Tschuang Tse entgegnete: „Das Tao gibt ihm sein Auftreten. Der Himmel gibt ihm seinen Körper. Er stört sein inneres Wohlbefinden nicht durch Anziehung und Abstoßung. Im Augenblick verwendest du deine gesamte Lebensenergie für äußerliche Dinge und läßt deinen Geist sich verbrauchen. Du lehnst dich an einen Baum und murmelst vor dich hin, du stolperst über einen verfaulten Baumstumpf und fällst in Schlaf. Dein Körper ist eine Gabe des Himmels, du aber benutzt ihn dazu, über 'das Harte' und 'das Weiße' zu brabbeln und zu plappern."

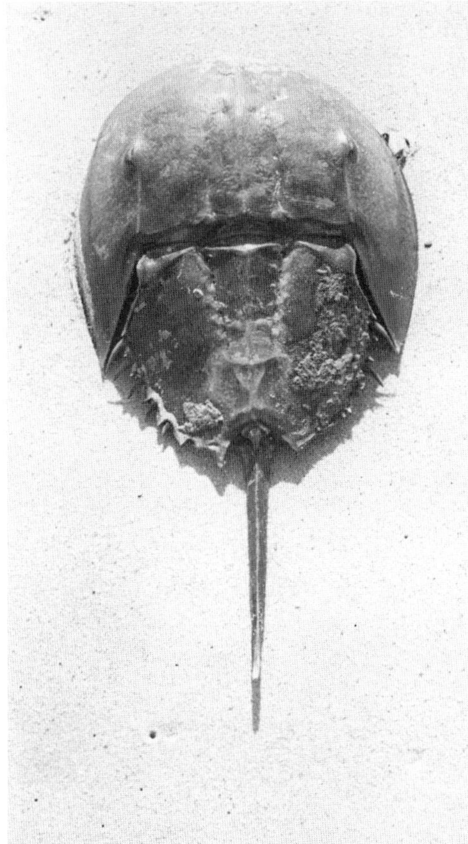

惠子謂莊子曰人故無情乎莊子曰然惠子曰人而無情何以謂之人
莊子曰道與之貌天與之形惡得不謂之人惠子曰既謂之人惡得無情
莊子曰是非吾所謂情也吾所謂無情者言人之不以好惡內傷其身
常因自然而不益生也
惠子曰不益生何以有其身
莊子曰道與之貌天與之形無以好惡內傷其身
今子外乎子之神勞乎子之精倚樹而吟據槁梧而瞑
天選子之形子以堅白鳴

大宗师

KAPITEL 6

Der grosse Meister

知天之所為知人之所為者至矣知天之所為者天而生也知人之所為者
以其知之所知以養其知之所不知
終其天年而不中道夭者是知之盛也雖然
有患夫知有所待而後當其所待者特未定也
庸詎知吾所謂天之非人乎所謂人之非天乎
且有真人而後有真知

Vollkommen ist ein Mensch, der weiß, was vom Himmel und was vom Menschen kommt. Wenn er weiß, was vom Himmel kommt, befindet er sich im Einklang mit dem Himmel. Wenn er weiß, was vom Menschen kommt, wendet er sein Wissen um das Gewußte dazu an, damit er sein Wissen um das Ungewußte sich entfalten läßt, und er erfreut sich an der Fülle des Lebens bis zu seinem natürlichen Tod. Dies ist die Vollendung des Wissens. Es gibt jedoch eine Schwierigkeit dabei. Das Wissen muß sich auf etwas gründen, aber man ist im Ungewissen darüber, was dies wohl sein mag. Wie kann ich in der Tat wissen, ob das, was ich Himmel nenne, in Wirklichkeit nicht der Mensch und das, was ich Mensch nenne, in Wirklichkeit nicht der Himmel ist? Zuerst muß da ein wahrhafter Mensch sein - dann kann es wahres Wissen geben.

Was aber ist ein wahrhafter Mensch? Der wahrhafte Mensch der Alten Zeit machte sich nichts daraus, daß er arm war. Er setzte seinen Stolz nicht da hinein, etwas erreichen zu wollen. Er machte keine Pläne. Aus diesem Grunde konnte er einen Irrtum begehen und brauchte ihn nicht zu bedauern. Er konnte sein Ziel erreichen, ohne daß er Stolz darüber empfand. Auf diese Weise konnte er ohne Furcht Berge erklettern, ins Wasser gehen, ohne daß er naß wurde, und unversehrt das Feuer durchschreiten. Diese Art von Wissen führt zum Tao.

Der wahrhafte Mensch der Alten Zeit schlief ohne Träume und erwachte ohne Besorgnis. Seine Nahrung war einfach, sein Atem tief. Denn der Atem des wahrhaften Menschen stieg aus seinen Fersen nach oben, während der Atem gewöhnlicher Menschen aus ihrer Kehle kommt. Werden sie von ihren Gefühlen überwältigt, dann verfangen sich die Worte in ihrer Kehle wie Erbrochenes. So wie sich ihre Wünsche und Leidenschaften verstärken, wird ihre himmlische Natur seicht.

Der wahrhafte Mensch der Alten Zeit wußte noch nichts von der Liebe zum Leben und dem Abscheu vor dem Tode. Wenn er geboren wurde, empfand er keine freudige Erregung darüber. Wenn er in das Sterben eintrat, war er nicht betrübt. Sorglos kam er. Sorglos ging er wieder. Das war alles. Er vergaß seine Anfänge nicht und suchte nicht nach seinem Ende. Mit Freude nahm er an, was ihm gegeben wurde, und wenn es dahin war, verwandte er keinen weiteren Gedanken daran. Dies nennt man: den Geist nicht gegen das Tao wirken lassen und sich den Menschen nicht zunutze machen, um dem Himmel zu dienen. Von solcher Art war der wahrhafte Mensch.

何謂真人古之真人不逆寡不雄成不謨士若然者
過而弗悔當而不自得也若然者登高不慄
入水不濡入火不熱是知之能登假於道也若此
古之真人其寢不夢其覺無憂其食不甘其息深深
真人之息以踵眾人之息以喉屈服者其嗌言若哇
其耆欲深者其天機淺古之真人不知說生不知惡死
其出不訢其入不距翛然而往翛然而來而已矣
不忘其所始不求其所終受而喜之忘而復之
是之謂不以心捐道不以人助天是之謂真人

若然者其心志其容寂其顙頯淒然似秋煖然似春
喜怒通四時與物有宜而莫知其極
故聖人之用兵也亡國而不失人心利澤施乎萬世
不為愛人故樂通物非聖人也有親非仁也
天時非賢也利害不通非君子也行名失己
非士也亡身不真非役人也若狐不偕務光
伯夷叔齊箕子胥餘紀他申徒狄
是役人之役適人之適而不自適其適者也

Der Geist eines solchen Menschen ist frei, sein Auftreten ruhig, sein Gesicht ohne Runzeln. Er ist ebenso kühl wie der Herbst und ebenso mild wie der Frühling. Seine Freude und sein Schmerz fließen dahin wie wechselnde Jahreszeiten. Er befindet sich im Einklang mit allen Dingen und kennt keine Begrenzungen. Wenn daher ein Weiser Krieg führt, kann er eine ganze Nation schlagen, ohne daß er die Herzen der Menschen verliert. Sein Segen fällt auf die zenntausend Dinge, aber nicht aus dem Grunde, weil er die Menschen liebt.

Deshalb ist einer, der von allen Dingen wissen möchte, kein Weiser. Es ist keine echte Freundlichkeit, wenn man Vorlieben zeigt. Wer sein Handeln nach der Zeit berechnet, ist kein Wissender. Wer Gewinn und Verlust nicht durchschaut, ist kein Mensch von Größe. Wer nach Anerkennung sucht und dem nicht folgt, was er weiß, ist kein Mensch von Einsicht. Wer sein Leben aufs Spiel setzen würde, ohne sich selbst gegenüber wahrhaftig zu sein, kann niemals ein Meister für die Menschen sein. Solche Männer wie Hu Pu Chieh, Wu Kuang, Po I, Shu Chi, Chi Tse, Hsu Yu, Chi To und Shen Tu Ti haben alle ihr Leben dabei verloren, daß sie nach den Geboten anderer handelten. Sie suchten in einer Weise zu handeln, die für andere, aber nicht für sie selbst natürlich war.

So verhielt sich der wahrhafte Mensch der Alten Zeit. Er stand aufrecht und fest und wankte nicht. Er hatte ein bescheidenes Auftreten, war jedoch nicht unterwürfig. Er war unabhängig, aber nicht eigensinnig, allem gegenüber offen, doch rühmte er sich nicht. Er lächelte, so als wäre er zufrieden, und er war in natürlicher Weise für die Dinge empfänglich. Seine Ausstrahlung kam aus seinem inneren Licht. Selbst in der Gesellschaft von anderen blieb er in seinem Mittelpunkt. Sein Geist war großzügig, so als würde er mit jedem übereinstimmen; hochherzig, so als stände er außerhalb jeglicher Beeinflussung; nach innen gerichtet, so als würde er sich gerne von der Welt zurückziehen; und geistesabwesend, so als sei er sich dessen nicht bewußt, was er gerade sagen wollte. Er betrachtete die Gesetzgebung als den Körper des Staatswesens, die überlieferten Formen als seine Flügel, das Wissen als ein Erfordernis für die Zeitläufe und die Vernunft als Richtschnur für das Verhalten. Betrachtet man das Gesetz als Körper, muß man milde bei seiner Ausführung sein. Nimmt man die überlieferten Formen als Flügel, das Wissen als ein Erfordernis für die Zeitläufe und die Vernunft als Richtschnur für das Verhalten. Betrachtet man das Gesetz als Körper, muß man milde bei seiner Ausführung sein. Nimmt man die überlieferten Formen als Flügel, gibt man den Menschen damit etwas, das sie befolgen können. Gebraucht man das Wissen als ein Erfordernis für die Zeitläufe, tut man die Dinge, die getan werden müssen. Betrachtet man die Vernunft als Richtschnur für das Verhalten, geht man mit anderen auf dem aufwärtsführenden Pfad. Er handelte ohne Anstrengung, doch die Menschen glaubten, daß er sich ernstlich darum bemühte.

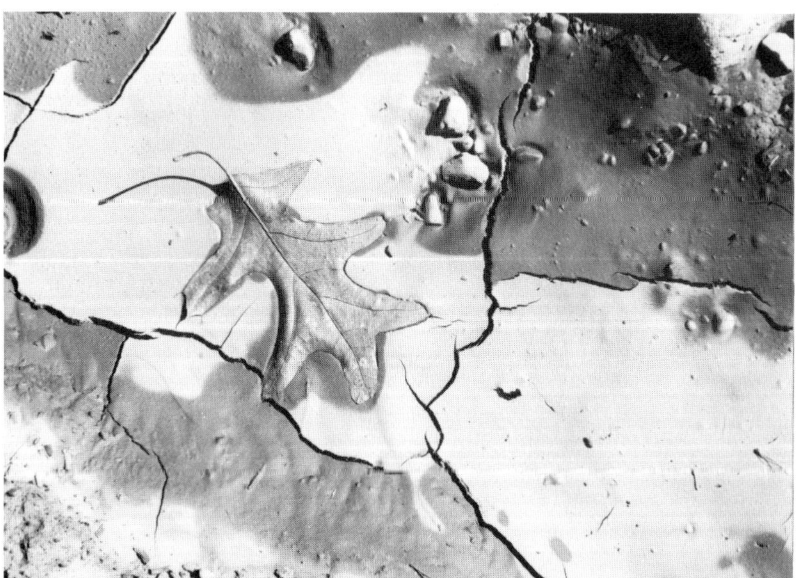

古之真人其狀義而不朋若不足而不承與乎其觚而不堅也張乎其虛而不華也邴邴乎其似喜乎崔乎其不得已乎滀乎進我色也與乎止我德也厲乎其似世乎謷乎其未可制也連乎其似好閉也悗乎忘其言也以刑為體以禮為翼以知為時以德為循以刑為體者綽乎其殺也以禮為翼者所以行於世也以知為時者不得已於事也以德為循者言其與有足者至於丘也而人真以為勤行者也

Was er liebt, ist das Eine. Was er nicht liebt, ist auch das Eine. Was eins ist, ist das Eine. Was nicht eins ist, ist auch das Eine. Er weiß um das Eine und gehört dem Himmel an. Er weiß nicht um das Eine und gehört den Menschen an. So stehen Himmel und Erde nicht im Widerspruch zueinander. Von solcher Art ist der wahrhafte Mensch. Leben und Tod sind schicksalsmäßige Bestimmung, sie ereignen sich mit ebensolcher Gewißheit wie Nacht und Tag. Dies ist das Wirken des Himmels, und es liegt außerhalb menschlichen Eingreifens. Von solcher Art ist das Wesen der Dinge. Wenn ein Mensch dazu bereit ist, daß er den Himmel als seinen Vater sieht und dabei die Erfahrung von Liebe macht, wieviel mehr an Liebe wird er für das verspüren, was jenseits des Himmels liegt. Wenn er das Gefühl hat, daß der Herrscher des Königreiches über ihm steht und er bereitwillig für den König sein Leben gibt, wieviel mehr wird er erst für die Wahrheit zu tun bereit sein.

Wenn die Quellen austrocknen und die Fische auf dem trockenen Land zurückbleiben, befeuchten sie sich gegenseitig mit Schleim und bespucken einander. Es ist besser für sie, wenn sie sich in Flüssen und Seen aufhalten, wo sie sich gegenseitig keinerlei Beachtung schenken. Anstatt Yao zu loben und Chieh zu tadeln, wäre es besser, keinem von beiden Beachtung zu schenken und sich selbst im Tao zu verlieren.

故其好之也一其弗好之也一其一也一
其不一也一其一与天为徒
其不一与人为徒天与人不相胜也
是之谓真人
死生命也其有夜旦之常天也
人之有所不得与皆物之情也
彼特以天为父而身犹爱之
而况其卓乎
人特以有君为愈乎己而身犹死之而况其真乎
泉涸鱼相与处于陆相呴以湿相濡以沫不如相忘于江湖与其誉尧而非桀
不如两忘而化其道

夫大塊載我以形勞我以生佚我以老息我以死故善吾生者乃所以善吾死也
夫藏舟于壑藏山于澤謂之固矣然而夜半有力者負之而走昧者不知也
藏大小有宜猶有所遯若夫藏天下于天下而不得所遯是恆物之大情也
特犯人之形而猶喜之若人之形者萬化而未始有極也其為樂可勝計邪
故聖人將遊于物之所不得遯而皆存善夭善老善始善終人猶效之
又況萬物之所係而一化之所待乎

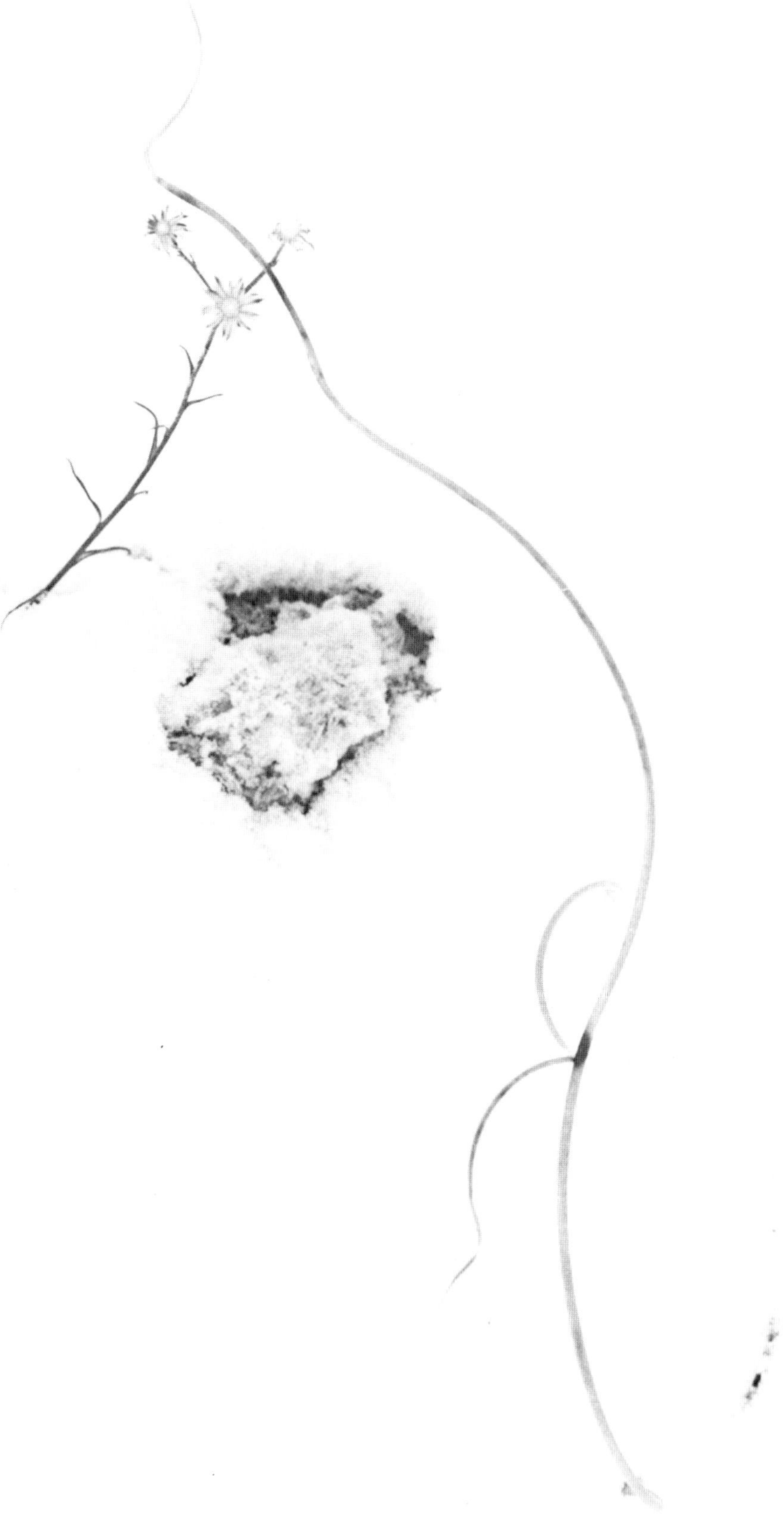

Die Große Erde erlegt mir die Bürde eines Körpers auf, sie bewirkt, daß ich mich im Leben abmühe, schafft mir Erleichterung im Alter und gibt mir Ruhe im Tod. Was mein Leben gut werden läßt, macht auch mein Sterben gut.

Ein Boot, das in einer Schlucht verborgen gehalten wird, und ein Fischernetz im Sumpf scheinen an einem sicheren Ort versteckt zu sein. Um Mitternacht kann ein starker Mann sie sich jedoch auf den Rücken laden und mit ihnen davongehen. Einfältige Menschen verstehen nicht, daß es immer - ganz gleich, wie gut man kleine Dinge auch in größeren verbergen mag - eine Möglichkeit gibt, sie zu verlieren. Verbirgst du aber das Universum im Universum, kann es unmöglich verloren werden. Dies ist die höchste Form der Wirklichkeit.

Du bist in einer menschlichen Form geboren worden, und du erfreust dich an ihr. Doch gibt es zehntausend andere Formen, die sich unendlich verwandeln; sie sind in gleichem Maße gut, und es herrscht unsägliche Freude darüber. Inmitten von jenen Dingen, die niemals verlorengehen können, ruht der Weise, und daher lebt er für alle Zeiten. Bereitwillig nimmt er frühen Tod, hohes Alter, Anfang und Ende an und dient so als Vorbild für alle Menschen. Wieviel mehr noch sollten wir es dem Schöpfer der zehntausend Dinge gleichtun - ihm, der das große Dahinströmen bedingt.

夫道有情有信无为无形可传而不可受可得而不可见
自本自根未有天地自古以固存神鬼神帝生天生地
在太极之先而不为高在六极之下而不为深
先天地生而不为久长于上古而不为老豨韦氏得之
以挈天地伏戏氏得之以袭气母维斗得之终古不忒
日月得之终古不息堪坏得之以袭昆仑冯夷得之以游大川
肩吾得之以处大山黄帝得之以登云天颛顼得之以处玄宫
禺强得之立乎北极西王母得之坐乎少广莫知其始
莫知其终彭祖得之上及有虞下及五伯
傅说得之以相武丁奄有天下乘东维骑箕尾而比于列星

Das Tao hat eine wirkliche und unveränderliche Natur, zeigt jedoch kein Tun und keine feste Form. Es kann gegeben, aber nicht empfangen werden. Es ist zu erlangen, aber nicht zu sehen. Aus eigener Quelle kommt es und hat seine eigene Wurzel. Es bestand schon vor Himmel und Erde und bis in alle Ewigkeit. Es bewirkt das Göttliche bei Geistwesen und Göttern. Himmel und Erde bringt es hervor. Es liegt über dem Zenit, und doch ist es nicht hoch. Es liegt unter dem Nadir, und doch ist es nicht tief. Vor Himmel und Erde kam es zur Entstehung, aber es entstand nicht vor langer Zeit. Früher als die älteste Vorzeit war es schon da, aber es ist nicht alt.

Hsi Wei erlangte das Tao und brachte Himmel und Erde miteinander ins Gleichgewicht. Fu Hsi erlangte es und fand Zugang zur Quelle der Lebensenergie. Der Große Bär erlangte es und ist niemals von seiner Bahn abgekommen. Sonne und Mond erlangten es, und sie hörten niemals zu scheinen auf. Kan Pi erlangte es und begab sich zum Kunlun-Gebirge. Feng I erlangte es und wanderte entlang des Großen Flusses. Chien Wu erlangte es und lebte auf dem Berge Tai. Der Große Kaiser erlangte es und stieg auf den Wolken zum Himmel auf. Chuan Hsu erlangte es und weilte im Dunklen Palast. Yu Chiang erlangte es und machte sich auf, um am Nordpol zu leben. Die Königinmutter des Westens erlangte es und ließ sich im Shao Kwan-Gebirge nieder. Niemand kennt ihren Anfang, niemand weiß um ihr Ende. Peng Tsu erlangte es und lebte von der Zeit des Shun bis zur Zeit der Fünf Prinzen. Fu Yueh erlangte es, wurde zum Ersten Minister des Wu Ting und gebot über die Welt. Dann stieg er zur östlichen Milchstraße auf, bewegte sich auf den Sternbildern des Schützen und des Skorpions fort und wählte seinen Platz unter den Sternbildern.

Nan Po Tsu Kuei fragte Frau Bucklig: „Du bist alt, und doch hast du das Aussehen eines Kindes. Wie kommt das?“

„Ich habe das Tao gefunden,“ entgegnete sie.

„Kann das Tao erlernt werden?“ fragte er.

„Nein! Wie könnte das möglich sein? Du bist ohnehin nicht derjenige, dies zu tun. Schau‘ dir nur den Pu Liang I an. Er hat die Fähigkeiten zu einem Weisen, aber nicht das Tao eines Weisen. Ich habe das Tao eines Weisen, aber nicht die Befähigung. Ich wollte ihn gerne darin belehren, damit er tatsächlich ein Weiser sein könnte. Es scheint eine leichte Sache, jemanden das Tao eines Weisen zu lehren, der die Fähigkeiten eines Weisen hat. Aber nein - es dauerte sehr lange, bis ich es ihm enthüllen konnte. Nach drei Tagen begann er über die stoffliche Welt hinauszugehen. Nach seiner Überwindung der stofflichen Welt arbeitete ich mit ihm weiter. Nach sieben Tagen begann er über jegliche materielle Daseinsform hinauszugehen. Nach seiner Überwindung von jeglicher materieller Daseinsform arbeitete ich mit ihm weiter. Nach neun Tagen begann er über alles Leben hinauszugehen. Nach der Überwindung allen Lebens begann er die klare Sicht der Morgendämmerung zu erlangen. Als er die klare Sicht der Morgendämmerung erlangt hatte, begann er das Eine zu erkennen. Als er das Eine erkannt hatte, begann er über die Unterscheidung zwischen Vergangenheit und Gegenwart hinauszugehen. Nachdem er die Unterscheidung zwischen Vergangenheit und Gegenwart überwunden hatte, fand er allmählich Zugang zu dem Land, wo es weder Leben noch Tod gibt, wo das Töten kein Leben nimmt und das Gebären es nicht vermehrt. Er würde nichts von sich weisen, alle Dinge zulassen, alle Dinge verneinen und alle Dinge bestätigen. Dies wird die gelassene Geistesruhe inmitten des Kampfes genannt, was bedeutet, daß Vollkommenheit als Folge aus dem Kampf entsteht.“

Nan Po Tsu Kuei fragte: „Wo hast du alles dies erlernt?“

Sie erwiderte: „Ich habe es erlernt vom Sohn des Tinten-Schreibens, der Sohn des Tinten-Schreibens vom Enkel des Rezitierenden-Sprechgesangs, der Enkel des Rezitierenden-Sprechgesangs von Klarer-Einsicht, Klare-Einsicht von Schweigender-Bekräftigung, Schweigende-Bekräftigung von Unmittelbarer-Erfahrung, Unmittelbare-Erfahrung von Erregender-Ausdruckskraft, Erregende-Ausdruckskraft von Dunkler-Verborgenheit, Dunkle-Verborgenheit von Geheimnisvoller-Leerheit, und die Geheimnisvolle-Leerheit vom Anfang-Ohne-Anfang.“

南伯子葵問乎女偊曰子之年長矣而色若孺子何也曰吾聞道矣
南伯子葵曰道可得學邪曰惡惡可子非其人也夫卜梁倚有聖人之才
而無聖人之道我有聖人之道而無聖人之才
吾欲以教之庶幾其果為聖人乎不然
以聖人之道告聖人之才亦易矣吾猶守而告之
參日而後能外天下已外天下矣吾又守之
七日而後能外物已外物矣吾又守之
九日而後能外生已外生矣而後能朝徹
朝徹而後能見獨見獨而後能無古今
無古今而後能入於不死不生殺生者不死
生生者不生其為物無不將也無不迎也
無不毀也無不成也其名為攖寧攖寧也者
攖而後成者也南伯子葵曰子獨惡乎聞之
曰聞諸副墨之子副墨之子聞諸洛誦之孫
洛誦之孫聞之瞻明瞻明聞之聶許聶許聞之需役
需役聞之於謳於謳聞之玄冥玄冥聞之參寥
參寥聞之疑始

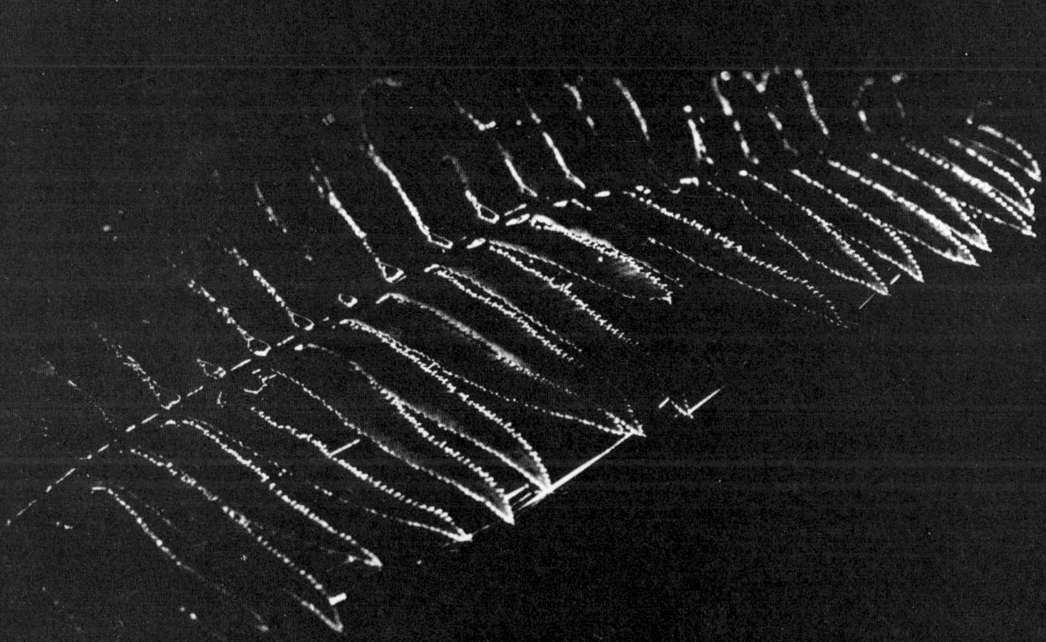

Vier Männer, Tse Szu, Tse Yu, Tse Li und Tse Lai, hatten ein Gespräch und meinten: „Wer immer daran glaubt, daß das Nichts der Kopf, das Leben das Rückgrat und der Tod der Schweif ist, wer immer Leben und Tod, Sein und Nicht-Sein als eine Einheit erkennen kann, soll unser Freund sein." Die vier blickten sich gegenseitig an und lächelten; und da sie in völliger Übereinstimmung miteinander waren, schlossen sie enge Freundschaft.

Nicht lange darauf wurde Tse Yu krank, und Tse Szu ging ihn zu besuchen. Tse Yu sagte: „Groß ist der Schöpfer der Dinge, daß Er mich derart die Form verändern ließ!"

Seine verkrümmte Wirbelsäule wand sich rund wie ein Höcker; seine fünf Organe hatten das Untere zuoberst gekehrt; sein Kinn ruhte auf dem Nabel, seine Schultern überragten den Kopf, sein Halsknochen wies in den Himmel. Sein Körper war krank, und doch war er ruhig und frei von Sorgen. Er humpelte zum Brunnen, betrachtete sein Spiegelbild und sagte: „O, der Schöpfer aller Dinge hat mich so verwachsen werden lassen!"

„Bist du deshalb aufgebracht?" fragte Tse Szu.

„Nein, warum sollte ich? Würde mein linker Arm zu einem Hahn, so würde ich ihn dazu gebrauchen, die Morgendämmerung anzukündigen. Würde mein rechter Arm zu einer Armbrust, so würde ich damit einen Vogel zum Braten erlegen. Würden mein Hinterteil zu Rädern und meine Lebensgeister zu einem Pferd, so würde ich darauf reiten? Wozu würde ich dann noch einen Wagen brauchen? Denn wir wurden geboren, weil die Zeit dafür gekommen war, und wir sterben im Einklang mit der Natur. Wenn wir mit dem zufrieden sind, was sich auch immer ereignet, und dem Strom folgen, können Freude und Kummer uns nichts anhaben. Dies nannten die Alten das Freisein von Bindungen. Es gibt jene, die sich selbst nicht befreien können, weil sie an die körperhafte Daseinsform gebunden sind. Nichts aber kommt gegen den Himmel an. So ist es seit eh und je gewesen. Warum sollte ich aufgebracht sein?"

子祀子輿子犁子來四人相與語曰孰能以无為首
以生為脊以死為尻孰知死生存亡之一體者
吾與之友矣四人相視而笑莫逆於心遂相與為友
俄而子輿有病子祀往問之曰偉哉
夫造物者將以予為此拘拘也曲僂發背上有五管
頤隱於齊肩高於頂句贅指天陰陽之氣有沴
其心閒而無事跰𨇤而鑑於井曰嗟乎
夫造物者又將以予為此拘拘也子祀曰汝惡之乎
曰亡予何惡浸假而化予之左臂以為雞
予因以求時夜浸假而化予之右臂以為彈
予因以求鴞炙浸假而化予之尻以為輪
以神為馬予因以乘之豈更駕哉
且夫得者時也失者順也安時而處順
哀樂不能入也此古之所謂縣解也
而不能自解者物有結之且夫物不勝天久矣吾又何惡焉

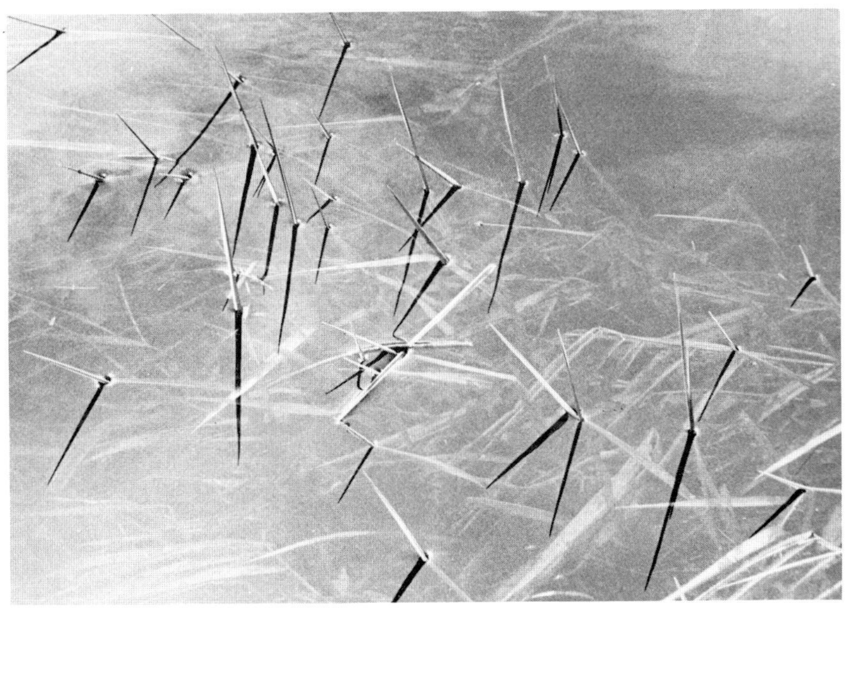

俄而子來有病喘喘然將死其妻子環而泣之
子犁往問之曰叱避無怛化倚其戶與之語曰
偉哉造物又將奚以汝為將奚以汝適
以汝為鼠肝乎以汝為蟲臂乎子來曰
父母於子東西南北唯命之從
陰陽於人不翅於父母彼近吾死而我不聽
我則悍矣彼何罪焉夫大塊載我以形
勞我以生佚我以老息我以死故善吾生者
乃所以善吾死也今之大冶鑄金金踊躍曰
我且必為鏌鋣大冶必以為不祥之金
今一犯人之形而曰人耳人耳夫造化者必以為不祥之人
今一以天地為大鑪以造化為大冶
惡乎往而不可哉成然寐蘧然覺

Kurz darauf wurde Tse Lai krank. Er lag in den letzten Zügen, während Frau und Kinder ihn weinend umringten. Tse Li besuchte ihn und sagte: „Shhh! Macht, daß ihr fortkommt! Stört die Verwandlung nicht!" Er lehnte sich gegen die Tür und sprach zu Tse Lai: „Groß ist der Schöpfer. Wofür wird Er dich wohl jetzt gebrauchen? Wohin wird Er dich bringen? Wird Er dich zu einem Rattenmagen oder zu einem Schlangenbein machen?"

Tse Lai erwiderte: „Ein Sohn muß dorthin gehen, wohin auch immer ihn seine Eltern zu gehen heißen - nach Osten, Westen, Süden oder Norden. Yin und Yang sind nichts anderes als unsere Eltern. Wenn sie mich an die Schwelle des Todes brachten und ich ihnen nicht gehorche, dann bin nur ich allein töricht. Ihnen ist dafür keine Schuld zu geben

Die Große Erde legt mir die Bürde eines Körpers auf, sie bewirkt, daß ich mich im Leben abmühe, schafft mir Erleichterung im Alter und gibt mir Ruhe im Tod. Was mein Leben gut werden läßt, macht auch mein Sterben gut. Würde ein kunstfertiger Schmied Metall gießen und sollte das Metall dabei in die Höhe schießen und sagen: „Mache ein berühmtes Schwert wie das Mo Yeh aus mir!", so würde der Schmied dies sicherlich als ein schlechtes Omen betrachten. Wenn ich nun, vom Zufall bestimmt, zu einer menschlichen Gestalt geformt worden wäre und sagen würde: „Mache mich wieder zu einem Menschen! Mache mich wieder zu einem Menschen!", so würde mich der Schöpfer der Dinge sicherlich als schlechtes Omen betrachten. Nun denn, wenn ich Himmel und Erde als einen großen Schmelztiegel ansehe und Schöpfung und Verwandlung als Meisterschmied, wohin kann ich dann überhaupt gebracht werden und es dort nicht geeignet finden? So schlafe ich also ruhig ein und werde erfrischt wieder aufwachen."

子桑戶孟子反子琴張三人相與友
曰孰能相與於無相與相為於無相為
孰能登天遊霧撓挑無極
相忘以生無所終窮
三人相視而笑莫逆於心
遂相與友莫然有間
而子桑戶死未葬
孔子聞之使子貢往侍事焉
或編曲或鼓琴
相和而歌曰嗟來桑戶乎嗟來桑戶乎而已反其真
而我猶為人猗子貢趨而進曰敢問臨尸而歌禮乎
二人相視而笑曰是惡知禮意

Tse Sang Hu, Meng Tse Fan und Tse Chin Chang waren miteinander bekannt. Sie sprachen untereinander: „Wer kann ohne Zusammengehörigkeit zusammen sein und ohne Mitarbeit mitwirken? Wer kann zum Himmel aufsteigen, die Wolken durchwandern und ohne Beachtung des Seins, für immer und ewig, über die Begrenzungen des Raumes hinausgehen?" Dann blickten die drei einander an und lachten. Es herrschte keine Unstimmigkeit zwischen ihnen, und sie schlossen enge Freundschaft.

Nach einiger Zeit starb Tse Sang Hu. Vor dem Begräbnis hörte Konfuzius von seinem Tod und sandte seinen Schüler Tse Kung, damit er an der Trauerfeier teilnahm. Tse Kung stellte fest, daß einer der Freunde ein Liedchen verfaßte und der andere auf einer Laute spielte. Einstimmig sangen sie: „O Sang Hu! O Sang Hu! Du bist zu deinem wahren Selbst zurückgekehrt. Wir dagegen bleiben in menschlicher Form zurück. O Weh! O weh!"

Tse Kung eilte hinein und sagte: „Darf ich wohl etwas fragen? Ist das angemessen, in der Gegenwart eines Toten zu singen?"

Die beiden schauten einander an und lachten. „Was weiß der denn schon von feierlichen Bräuchen?" meinten sie.

子貢反以告孔子曰彼何人者邪修行無有而外其形骸臨尸而歌顏色不變無以命之
彼何人者邪孔子曰彼遊方之外者也而丘遊方之內者也外內不相及
而丘使女往弔之丘則陋矣彼方且與造物者為人而遊乎天地之一氣
彼以生為附贅縣疣以死為決𤴯潰癰夫若然者又惡知死生先後之所在
假於異物託於同體忘其肝膽遺其耳目反覆終始不知端倪
芒然彷徨乎塵垢之外逍遙乎無為之業彼又惡能憒憒然為世俗之禮
以觀眾人之耳目哉
子貢曰然則夫子何方之依孔子曰丘天之戮民也雖然吾與汝共之
子貢曰敢問其方孔子曰魚相造乎水人相造乎道相造乎水者穿池而養給
相造乎道者無事而生定故曰魚相忘乎江湖人相忘乎道術
子貢曰敢問畸人
曰畸人者畸於人而侔於天
故曰天之小人人之君子
人之君子天之小人也

Tse Kung kehrte zurück und berichtete Konfuzius darüber mit folgenden Worten: ,,Was sind denn das für Menschen? Ihr Betragen ist schlecht, und sie bekümmern sich nicht um äußere Formen. Ohne Anzeichen einer Gemütsbewegung sangen sie vor dem Leichnam. Ich weiß nicht, wie ich sie beschreiben soll. Was sind das für Menschen?"

Konfuzius sagte: ,,Sie bewegen sich außerhalb der körpergebundenen Welt, und ich bewege mich innerhalb von ihr. Unsere Wege werden sich niemals begegnen. Es war töricht von mir, daß ich dich zur Teilnahme an der Trauerfeier sandte. Sie befinden sich nun in der Gesellschaft des Schöpfers der Dinge und haben ihre Freude an dem einen und einzigen Lebensatem von Himmel und Erde. Sie betrachten das Leben als eine sich aufblähende Geschwulst, als einen sich vorwölbenden Kropf, und sie sehen den Tod als das Aufbersten einer Beule und das Ausfließen einer eitrigen Geschwulst. Wie könnten solche Menschen zwischen Leben und Tod unterscheiden? Den Körper halten sie für eine zufällige Anordnung verschiedener Einzelteile. Ihre Leber und Galle vergessen sie, ihre Augen und Ohren vernachlässigen sie. Sie kommen und gehen, sie finden ein Ende und beginnen erneut, ohne daß sie auf irgendwelche Begrenzungen achten. Ohne Besorgnis streifen sie jenseits der staubigen Welt in Freiheit umher und verweilen im Nicht-Handeln. Warum sollten sie sich an den Anstandsregeln dieser gewöhnlichen Welt stören und eine Vorstellung für die Augen und Ohren von Allerweltsmenschen geben?"

Tse Kung fragte: ,,Warum beachtest du dann die Anstandsregeln, Meister?"

Konfuzius entgegnete: ,,Der Himmel hat mich dazu verdammt. Doch ist dies uns beiden gemeinsam."

Tse Kung sagte: ,,Darf ich fragen, was du meinst?"

Konfuzius entgegnete: ,,Fische gedeihen gut im Wasser, Menschen gedeihen gut im Tao. Die im Wasser gedeihen, schnellen im Teich umher und finden dort ihre Nahrung. Die im Tao gedeihen, wirken ohne Tun, und ihre wahre Natur verwirklicht sich. Daher heißt es: 'Fische müssen sich in Flüssen und Seen verlieren, und Menschen müssen sich in der Ausübung des Tao verlieren.' "

Tse Kung sagte: ,,Darf ich noch einmal nach jenen seltsamen Menschen fragen?"

,,Die seltsamen Menschen sind nur für die Menschenwelt seltsam, dem Himmel sind sie jedoch vertraut. Daher heißt es: 'Der für den Himmel geringe Mensch gilt unter den Menschen als überlegen. Der für die Menschen unterlegene Mensch gilt hoch im Himmel.' "

Yen Hui fragte Konfuzius: „Als die Mutter von Meng Sun Tsai starb, klagte er heftig, weinte jedoch nicht. Tief in seinem Herzen war er nicht betrübt. Er nahm an der Trauerfeier ohne Jammern teil. Trotz dieses dreifachen Mangels wurde er nichtsdestoweniger als derjenige im Staate Lu betrachtet, der am besten zu trauern weiß. Wie kann man ein derartiges Ansehen aufgrund von nichts erlangen? Ich bin aufs äußerste erstaunt darüber."

Konfuzius sagte: „Meng Sun hat ohne Zweifel das Tao gemeistert. Er ist über das Wissen hinausgegangen. Er hat sein Leben bereits einfach gemacht. Doch gibt es gewisse Verhaltensregeln, die er immer noch zu beachten hat. Meng Sun weiß nicht, weshalb wir leben und weshalb wir sterben. Er weiß nicht, was zuerst kommt und was zuletzt. Seinen Daseinszustand nimmt er an, ohne daß er um künftige Wandlung besorgt wäre. Wenn sich einer verändert, wie kann er dann wissen, daß sich gerade eine Veränderung zuträgt? Wenn sich einer nicht verändert, wie kann er dann wissen, ob nicht bereits eine Veränderung eingetreten ist? Vielleicht leben du und ich noch in einem Traum und sind noch nicht daraus erwacht. Überdies erschien Meng Sun erschüttert, sein Geist war jedoch unbewegt. Es hatte ein Wechsel des Aufenthaltsortes, aber kein wirklicher Tod stattgefunden. Meng Sun war der einzig Erwachte. Er weinte nur, als er die anderen weinen sah; dies entspricht seinem eigentlichen Wesen. Außerdem sprechen wir alle über ein 'Ich'. Woher wissen wir denn, daß es solch ein Wesen wie ein 'Ich' gibt? Du träumst davon, daß du ein Vogel bist, der zum Himmel auffliegt. Du träumst davon, daß du ein Fisch bist, der in einen Tümpel hinabtaucht. Wenn wir jetzt miteinander reden, wissen wir nicht, ob wir wachen oder träumen. Es ist nicht so gut, jemanden zu beschuldigen, als zu lachen. Es ist nicht so gut, zu lachen, als die Dinge ihren natürlichen Lauf nehmen zu lassen. Sei zufrieden mit dem, was geschieht, und vergiß die Verwandlung. Dann findest du den Zugang zum Eins-Sein mit dem Geheimnis des Himmels."

顏回問仲尼曰孟孫才其母死哭泣無涕中心不戚
居喪不哀無是三者以善處喪蓋魯國
固有無其實而得其名者乎回壹怪之
仲尼曰夫孟孫氏盡之矣進於知矣
唯簡之而不得夫已有所簡矣
孟孫氏不知所以生不知所以死
不知就先不知就後若化為物
以待其所不知之化已乎且方將化
惡知不化哉方將不化惡知已化哉
吾特與汝其夢未始覺者邪
且彼有駭形而無損心有旦宅而無情死
孟孫氏特覺人哭亦哭
是自其所以乃
且也相與吾之耳矣
庸詎知吾所謂吾之乎
且汝夢為鳥而厲乎天夢為魚而沒于淵不識今之言者其覺者乎
夢者乎造適不及笑獻笑不及排安排而去化乃入于寥天一

Yi Erh Tse besuchte Hsu Yu. Hsu Yu fragte: „Was hat doch Yao gelehrt?“

Yi Erh Tse sagte: „Yao wies mich an, Freundlichkeit und Güte auszuüben und klar zwischen Recht und Unrecht zu unterscheiden.“

Hsu Yu entgegnete: „Warum kommst du dann also zu mir? Yao hat dir Freundlichkeit und Güte bereits eingebrannt und deine Nase mit Recht und Unrecht abgeschnitten. Wie willst du noch frei und sorglos auf dem Pfade wandern können und tun, was immer dir beliebt?“

Yi Erh Tse meinte: „Das mag schon so sein, aber dennoch würde ich gerne entlang des Wegrandes wandern, wenn es mir möglich ist.“

Hsu Yu entgegnete: „Nein, wenn ein Mensch blind ist, so ist es unmöglich für ihn, daß er für die Schönheit von Gesichtszügen und Gesichtsfarbe empfänglich ist oder ein blaues Opfergewand von einem gelben unterscheidet.“

Yi Erh Tse sagte: „Wu Tschuang gab ihre Schönheit hin, Tschu Liang verzichtete auf seine Stärke, und der Gelbe Kaiser legte sein Wissen ab. Sie alle waren Teil eines Vorgangs der Reinigung und Läuterung. Wie kannst du wissen, daß mich der Schöpfer der Dinge nicht von meinen Brandmalen befreien, meine Nase ersetzen und mich zu einem geeigneten Schüler für dich machen würde?“

Hsu Yu meinte: „Ach, das können wir noch nicht wissen. Aber laß mich dir eine allgemeine Vorstellung davon geben. O mein Meister, o mein Meister! Er brachte die zehntausend Dinge in eine Ordnung, und doch betrachtet er sich selbst nicht als gut. Er schenkte den zehntausend Geschlechtern das Leben, und doch betrachtet er sich selbst nicht als freundlich. Er ist älter als die älteste Vorzeit, und doch hält er sich selbst nicht für alt. Er schirmt den Himmel, nährt die Erde, gestaltet und bildet alle Formen, und doch sieht er sich selbst nicht als geschickt an. Ihm folge ich nach.“

意而子見許由許由曰堯何以資汝意而子曰
堯謂我汝必躬服仁义而明言是非
許由曰而奚來為軹夫堯既已黥汝以仁义
而劓汝以是非矣
汝將何以遊夫遙蕩恣睢轉徙之塗乎
意而子曰雖然吾願遊於其藩
許由曰不然夫盲者無以與乎眉目顏色之好
瞽者無以與乎青黃黼黻之觀
意而子曰夫無莊之失其美
據梁之失其力
黃帝之亡其知皆在鑪捶之間耳
庸詎知夫造物者之不息我黥而補我劓
使我乘成以隨先生邪
許由曰噫未可知也我為汝言其大略
吾師乎吾師乎齏萬物而不為义澤及萬世而不為仁長於上古而不為老
覆載天地刻彫眾形而不為巧此所遊已

Yen Hui sagte: „Ich mache Fortschritte."

Konfuzius fragte: „In welcher Hinsicht?"

Yen Hui meinte: „Ich habe es aufgegeben, Gutes zu tun und rechtmäßig zu handeln."

Konfuzius entgegnete: „Sehr gut, aber das reicht noch längst nicht aus."

An einem anderen Tag traf Yen Hui Konfuzius und sagte: „Ich mache Fortschritte."

Konfuzius fragte: „In welcher Hinsicht?"

Yen Hui meinte: „Ich habe das Ritual und die Musik aufgegeben."

Konfuzius entgegnete: „Sehr gut, aber das reicht noch längst nicht aus."

An einem weiteren Tag traf Yen Hui Konfuzius erneut und sagte: „Ich mache Fortschritte."

Konfuzius fragte: „In welcher Hinsicht?"

Yen Hui meinte: „Ich sitze nur noch da und vergesse."

Konfuzius war verwundert und fragte: „Was meinst du damit, daß du sitzt und vergißt?"

Yen Hui sagte: „Ich bin dem Körper nicht verhaftet und gebe jeglichen Gedanken an Wissen auf. Indem ich mich von Körper und Geist freimache, werde ich eins mit dem Unendlichen. Dies meine ich damit, daß ich sitze und vergesse."

Konfuzius entgegnete: „Wenn Einheit da ist, gibt es keine Vorlieben. Wenn Wandel da ist, gibt es keine Dauer. Wenn du dies wirklich erreicht hast, dann laß mich zu deinem Schüler werden."

顏回曰回益矣
仲尼曰何謂也
曰回忘仁義矣
曰可矣猶未也
他日復見曰回益矣
曰何謂也
曰回忘禮樂矣
曰可矣猶未也
他日復見曰回益矣
曰何謂也
曰回坐忘矣
仲尼蹴然曰何謂坐忘顏回曰墮肢體黜聰明離形去知同於大通
此謂坐忘仲尼曰同則無好也化則無常也而果其賢乎丘也請從而後也

子輿與子桑友而霖雨十日子輿曰子桑殆病矣裹飯而往食之
至子桑之門則若歌若哭
鼓琴曰父邪母邪天乎人乎有不任其声而趨舉其詩焉
子輿入曰子之歌詩何故若是
曰吾思夫使我至此極者而弗得也
父母豈欲吾貧哉
天無私覆
地無私載
天地豈私貧我哉
求其為之者而不得也
然而至此極者
命也夫

Tse Yu und Tse Sang waren miteinander befreundet. Als es einmel zehn Tage lang geregnet hatte, meinte Tse Yu: „Tse Sang mag wohl eine harte Zeit erleben.“ Daher packte er etwas Essen zusammen und brachte es zu ihm. Als er Tse Sangs Tür erreichte, vernahm er etwas, das sich wie Singen oder Weinen anhörte und von einer Laute begleitet wurde: „O Vater! O Mutter! Ist dies der Himmel? Oder ist es der Mensch?“ Die Stimme brach ab, und die Worte versagten.

Tse Yu trat ein und fragte: „Warum singst du ein solches Gedicht?“

Tse Sang entgegnete: „Ich suche herauszufinden, weshalb ich mich in einem derart elenden Zustand befinde. Das kann ich nicht einsehen. Hätten mein Vater und meine Mutter mir eine solche Armut gewünscht? Der Himmel sorgt für den Schutz der Dinge. Die Erde ernährt alle Dinge. Wollten Himmel und Erde mich zu einer solchen Armut aussondern? Ich suche Ursache dafür zu finden, kann sie jedoch nicht erkennen. Und doch stecke ich hier in meinem Elend. Es muß wohl Schicksal sein.“

KAPITEL 7

Der weise Herrscher

齧缺問於王倪四問而四不知
齧缺因躍而大喜
行以告蒲衣子
蒲衣子曰而乃今知之乎
有虞氏不及泰氏
有虞氏其猶藏仁以要人
亦得人矣而未始出於非人
泰氏其臥徐徐
其覺于于
一以己為馬
一以己為牛
其知情信
其德甚真而未始入於非人

Yeh Chueh befragte Wang Yi. Viermal stellte er eine Frage, und viermal erhielt er keine Antwort. Dies erfreute Yeh Chueh so sehr, daß er hinging und es Pu Yi Tse erzählte.

Pu Yi Tse meinte: „Hast du weiter nichts herausgefunden? Der Kaiser Shun konnte es mit dem Kaiser Fu Shi nicht aufnehmen. Der Kaiser Shun war immer bemüht, Gutes zu tun, damit ihn die Menschen nachahmten. Er konnte jedoch niemals unterscheiden, was ein Mensch ist und was er nicht ist. Der Kaiser Fu Shi dagegen war ruhig und gelassen, wenn er schlief, und einfach und geradlinig, war er erwacht. Manchmal nahm er den Geist eines Pferdes, manchmal den eines Ochsen an. Seiner Weisheit konnte vertraut werden. Seine Tugend war unverfälscht. Er befand sich jenseits der Unterscheidung, was ein Mensch ist und was er nicht ist.“

肩吾見狂接輿狂接輿曰日中始何以語女
肩吾曰告我君人者以己出經式義度
人孰敢不聽而化諸
狂接輿曰是欺德也
其於治天下也猶涉海鑿河而使蚉負山也
夫聖人之治也治外乎
正而後行
確乎能其事者而已矣
且鳥高飛以避矰弋之害
鼷鼠深穴乎神丘之下
以避熏鑿之患
而曾二蟲之无知

Chien Wu suchte Chieh Yu, den Narren, auf. Chieh Yu fragte: „Was hat dir Chung Shi neulich gesagt?“

Chien Wu meinte: „Er sagte mir, daß ein Herrscher ein Vorbild für andere sein sollte. Durch die Festsetzung von Recht und Ordnung, von Maß und Form wird jeder beeinflußt und gerät niemals in Versuchung, das Gesetz zu brechen.“

Chieh Yu sagte: „Das heißt, die Tugend zu untergraben. Wenn man auf jene Weise die Welt zu beherrschen sucht, so läßt sich das damit vergleichen, als wollte man einen See durchwaten, ein Flußbett graben oder eine Mücke einen Berg auf ihrem Rücken tragen lassen. Sorgt sich etwa ein Weiser, wenn er regiert, um die äußeren Erscheinungsformen? Wenn der Geist klar ist, so folgt daraus das rechte Handeln. Laß einen jeden tun, was er kann - das genügt schon. Vögel fliegen hoch in den Himmel, wie um es zu vermeiden, von den gespannten Pfeilen getroffen zu werden. Mäuse bauen sich tief unter dem heiligen Erdhügel ihr Haus, wie um es zu vermeiden, ausgeräuchert oder ausgegraben zu werden. Sicherlich haben die Menschen doch mehr Verstand als diese beiden Geschöpfe?“

Tien Ken wanderte auf der südlichen Seite des Berges Yin. Als er zum Fluß Liao gelangte, begegnete er einem namenlosen Weisen, zu dem er sprach: „Bitte sage mir, wie die Welt zu regieren ist."

Der namenlose Weise sagte: „Mach' dich dort, du Narr! Warum stellst du eine derart unpassende Frage? Ich schicke mich an, mich mit dem Schöpfer der Dinge zu verbinden. Ich finde Gefallen daran, außerhalb der sechs Himmelsrichtungen auf dem Vogel der Geistesruhe und Leerheit dahinzufliegen, im Niemandsland umherzustreifen und mich in der Sphäre des Nicht-Seins aufzuhalten. Warum belästigst du mich mit der Frage, wie die Welt zu regieren ist?

Tien Ken wiederholte jedoch seine Frage ein zweites Mal. Der namenlose Weise erwiderte: „Laß deinen Geist durch das Reine und Einfache schweifen. Sei eins mit dem Unendlichen. Laß alle Dinge ihren natürlichen Lauf nehmen. Versuche nicht, geistreich zu sein. Dann wird die Welt gelenkt werden."

天根遊於殷陽至蓼水之上
適遭無名人而問焉曰請問為天下
無名人曰去汝鄙人也
何問之不豫也
予方將與造物者為人
厭則又乘夫莽眇之鳥
以出六極之外
而遊無何有之鄉
以處壙埌之野
汝又何帛以治天下感予之心為
又復問無名人曰汝遊心於淡合氣於漠
順物自然而無容私焉
而天下治矣

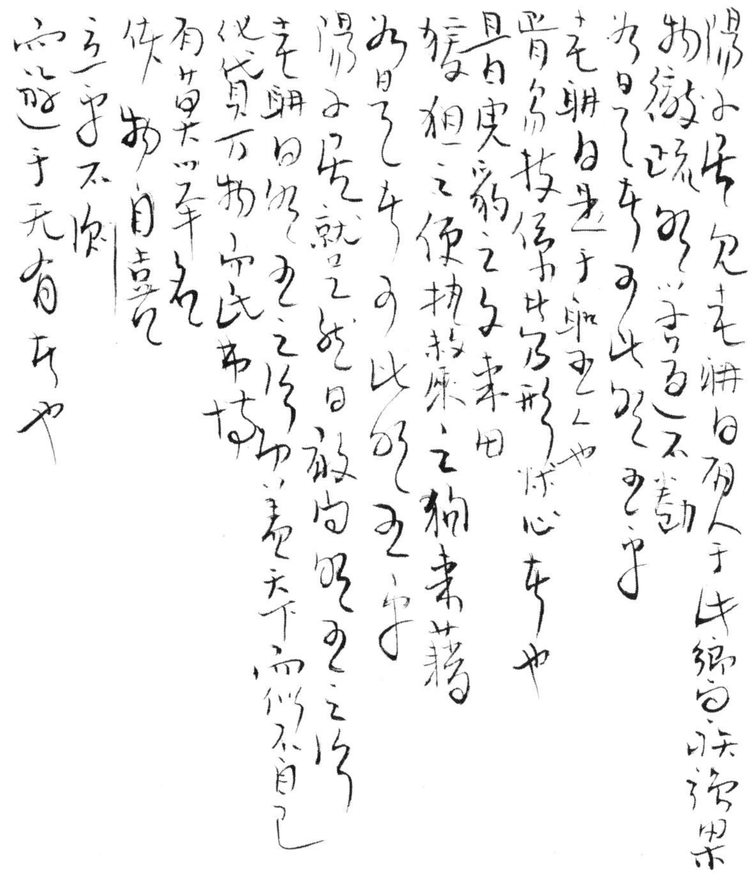

Yang Tse Chu suchte Lao Tse auf und sagte: „Es gibt hier einen Menschen, der ist feinfühlig, wachsam, stark und entschlossen: er hat ein gründliches Wissen über das Wirken der Dinge, und unermüdlich erforscht er das Tao. Könnte er mit einem weisen Herrscher verglichen werden?"

Lao Tse entgegnete: „Im Vergleich mit den alten Weisen ist ein solcher Mensch wie ein schwerarbeitender Diener, ein auf seine Arbeit bedachter Handwerksmann, der seinen Körper verbraucht und seinen Geist verwirrt. Es heißt, der Grund, weshalb die Menschen Tiger und Leoparden jagen, sei die Schönheit ihres Fells. Die Beweglichkeit des Affen und die Fähigkeit des Hundes, Ratten zu fangen, veranlassen die Menschen dazu, sie für sich als Haustiere zu zähmen. Wie kann daher ein solcher Mensch neben einen weisen Herrscher gestellt werden?"

Yang Tse Chu zeigte sein Erstaunen und sagte: „Darf ich fragen, wie ein weiser Herrscher regiert?"

Lao Tse entgegnete: „Wenn ein weiser Herrscher regiert, dann ist sein Einfluß überall zu spüren, aber er scheint nichts zu tun. Sein Wirken bewegt die zehntausend Dinge, aber die Menschen sind nicht abhängig von ihm. Niemand weiß von ihm, und doch bringt er einem jeden Glück. Er hält sich an das Ungewußte und wandert im Niemandsland."

Im Staate Cheng lebte ein Zauberer mit Namen Chi Hsien. Er wußte alles über Geburt und Tod, Gewinn und Verlust, Glück und Unglück und die Länge eines Menschenlebens; dabei bestimmte er Jahr, Monat, Woche und Tag genau voraus, so als wäre er ein Gott. Die Menschen aus Cheng flohen bei seinem bloßen Anblick. Lieh Tse suchte ihn auf und wurde in seinen Bann gezogen. Bei seiner Rückkehr sagte er zu Hu Tse: „Meister! Ich habe immer geglaubt, daß dein Tao vollkommen sei. Jetzt aber kenne ich etwas, das noch vollkommener ist.“

Hu Tse entgegnete: „Ich habe dich nur die Worte und nicht den Geist des Tao gelehrt. Glaubst du wirklich, daß du schon Meister über das Tao bist? Wenn es keinen Hahn in einer Hühnerschar gibt, wie können die Hennen dann befruchtete Eier legen? Voller Stolz suchst du deine Kenntnis des Tao zur Schau zu stellen, weil du die Menschen daran glauben lassen willst. Deshalb können dich die Menschen genau durchschauen. Bring' den Zauberer hierher, und ich werde mich ihm gegenüberstellen.“

Am nächsten Tag brachte Lieh Tse ihn zu Hu Tse. Als der Zauberer wegging, bemerkte er: „O weh! Dein Meister wird bald sterben. Er wird keine zehn Tage mehr leben. Ich habe etwas Sonderbares an ihm wahrgenommen. Er hatte das Aussehen von feuchter Asche.“

Tränenübertrömt ging Lieh Tse hinein und berichtete, was er gehört hatte. Hu Tse sagte: „Gerade eben habe ich ihm die stille und schweigende Erde, den ruhenden und bewegungslosen Berg gezeigt. Wahrscheinlich sah er nur, daß ich die Quellen meiner Lebensenergie eingedämmt hatte. Bringe ihn noch einmal hierher.

Am nächsten Tag suchten die beiden Hu Tse erneut auf. Als der Zauberer wegging, sagte er: „Dein Meister kann von Glück reden, daß er mir begegnet ist. Es geht ihm bereits besser. Er ist wieder völlig ins Leben zurückgekehrt. Ich kann erkennen, daß sein Energiestrom nur vorübergehend verschlossen ist.“

Lieh Tse ging hinein und berichtete Hu Tse davon. Hu Tse sagte: „Gerade eben habe ich ihm die Leerheit des Himmels gezeigt, die ohne Namen oder feste Form ist. Meine Lebensenergie steigt von meinen Fersen nach oben. Versuche, ihn noch einmal hierherzubringen.“

鄭有神巫曰季咸知人之生死存亡禍福壽夭
期以歲月旬日若神鄭人見之皆棄而走列子見之而心醉
歸以告壺子曰始吾以夫子之道為至矣
則又有至焉者矣壺子曰吾與汝既其文未既其實
而固得道與眾雌而無雄而又奚卵焉
而以道與世亢必信夫故使人得而相汝嘗試與來以予示之
明日列子與之見壺子出而謂列子曰嘻子之先生死矣
弗活矣不以旬數矣吾見怪焉見濕灰焉
列子入泣涕沾襟以告壺子壺子曰鄉吾示之以地文
萌乎不震不正是殆見吾杜德機也嘗又與來
明日又與之見壺子出而謂列子曰幸矣
子之先生遇我也有瘳矣全然有生矣
吾見其杜權矣列子入以告壺子壺子曰鄉吾示之以天壤
名實不入而機發於踵是殆見吾善者機也嘗又與來

明日又與之見壺子出而謂列子曰子之先生不齊
吾無得而相焉試齊且復相之列子入以告壺子
壺子曰吾鄉示之以太沖莫勝是殆見吾衡氣機也
鯢桓之審為淵止水之審為淵流水之審為淵
淵有九名此處三焉嘗又與來明日又與之見壺子
立未定自失而走壺子曰追之列子追之不及
反以報壺子曰已滅矣已失矣吾弗及也
壺子曰鄉吾示之以未始出吾宗
吾與之虛而委蛇不知其誰何因以為弟靡
因以為波流故逃也然後列子自以為未始學而歸
三年不出為其妻爨食豕如食人於事無與親
雕琢復朴塊然獨以其形立紛而封哉一以是終

Am nächsten Tag kamen die beiden erneut zu Hu Tse. Als der Zauberer wegging, sagte er: „Dein Meister ist niemals der gleiche. Es ist mir nicht möglich, aus seinem Gesicht zu lesen. Warte, bis er sich beruhigt hat, dann werde ich ihn erneut prüfen."

Lieh Tse ging hinein und berichtete Hu Tse davon. Hu Tse sagte: „Ich habe ihm gerade die höchste Harmonie gezeigt, wo vollkommenes Gleichgewicht herrscht. Wahrscheinlich war alles, was er sah, die abgründigen Tiefen meiner Lebensenergie in ihrer vollendeten Form. Wenn die Wogen in einem Wolkenbruch Strudel bilden, sind da abgründige Tiefen. Wenn das Wasser ruht, sind da abgründige Tiefen. Wenn das Wasser strömt, sind auch da abgründige Tiefen. Neun Namen gibt es für diese abgründigen Tiefen. Nur drei davon habe ich vorgeführt. Versuche, ihn noch einmal hierherzubringen."

Am nächsten Tag kamen die beiden erneut zu Hu Tse. Sie hatten sich nicht einmal niedergesetzt, da geriet der Zauberer bereits außer Fassung und entfloh. „Laufe ihm hinterher!" meinte Hu Tse. Lieh Tse rannte los, konnte den Zauberer jedoch nicht einholen. Daher kehrte er zurück und sagte zu Hu Tse: „Er ist verschwunden. Er muß fortgegangen sein. Ich konnte ihn nicht auffinden."

Hu Tse meinte: „Ich habe ihm gerade gezeigt, was schon vor dem Anfang der Dinge da war. Ich zeigte mich selbst, vollkommen offen und biegsam, ohne Vorsicht, so wie sich das Gras vor dem Wind beugt und das Wasser in Wellen dahinfließt. Deshalb ist er davongelaufen."

Daraufhin erkannte Lieh Tse, daß er noch nicht einmal damit begonnen hatte, etwas zu verstehen. Er kehrte in sein Haus zurück und verließ es nicht während der nächsten drei Jahre. Er kochte für seine Frau und fütterte die Schweine, so als wären sie menschliche Wesen. Er zeigte keinerlei Interesse für weltliche Angelegenheiten. Er schuf keine weiteren Verwicklungen und kehrte zur Einfachheit zurück. Er war verwurzelt in der Erde und ruhte im Mittelpunkt seines Körpers; inmitten aller Verwirrung und Ablenkung des Lebens blieb er eins mit dem Tao bis zum Ende seiner Tage.

无為名尸无為謀府无為事任无為知主體盡无窮
而遊无朕盡其所受乎天而无見得亦虛而已
至人之用心若鏡不將不迎應而不藏故能勝物而不傷

Suche nicht nach Ruhm.
Mache keine Pläne.
Laß dich nicht von Tätigkeiten fesseln.
Glaube nicht, daß du etwas weißt.
Sei dir allen Seins bewußt und verweile im Unendlichen.
Wandere dort, wo es keinen Weg gibt.
Sei alles das, was der Himmel dir gab,
aber handele so, als hättest du nichts empfangen.
Sei leer - das ist alles.
Der Geist eines Vollkommenen ist wie ein Spiegel.
Er ergreift nichts. Er erwartet nichts.
Er wirft zurück, hält aber nicht fest.
Daher kann der Vollkommene mühelos handeln.

南海之帝為儵北海之帝為忽
中央之帝為渾沌儵與忽時相與遇于渾沌之地
渾沌待之甚善儵與忽謀報渾沌之德
曰人皆有七竅以視聽食息
此獨無有嘗試鑿之日鑿一竅七日而渾沌死

Der Herrscher über das Südmeer wurde
Licht genannt,
der Herrscher über das Nordmeer
Finsternis,
und der Herrscher über das Königreich
der Mitte
Ungeschiedenes Urwesen.
Von Zeit zu Zeit trafen sich Licht und Finsternis im Königreich
des Ungeschiedenen Urwesens, das sie herzlich willkommen hieß.
Licht und Finsternis wollten ihm seine
Freundlichkeit vergelten
und meinten: „Alle Menschen haben sieben
Öffnungen, mit denen
sie sehen, hören, essen und atmen,
Ungeschiedenes Urwesen
hat jedoch keine einzige. Wir wollen versuchen, ihm einige zu geben."
Also bohrten sie an jedem Tag ein Loch,
und am siebten Tag,
da starb Ungeschiedenes Urwesen.

EIN HINWEIS AUF DIE BEARBEITER DIESER AUSGABE

Gia-fu Feng wurde 1919 in Shanghai geboren. Er erhielt seine Ausbildung in China und kam 1947 in die Vereinigten Staaten, um Vergleichende Religionswissenschaft zu studieren. Er hat den Grad eines Bachelor of Arts von der Universität Peking und eines Master of Arts von der University of Pennsylvania. Er hat am Esalen Institute, Big Sur, unterrichtet und leitet nun die Stillpoint Foundation, eine taoistische Gemeinschaft in Manitou Springs, Colorado. Gemeinsam mit Jerome Kirk ist er der Verfasser von *Tai Chi - A Way of Centering - & I Ching*, das im Jahre 1970 veröffentlicht wurde.

Jane English wurde 1942 in Boston geboren. Sie hat den Grad eines Bachelor of Arts vom Mount Holyoke College und erhielt für ihre Arbeit über Hochenergie- und Elementarteilchen-Physik einen Doktortitel von der University of Wisconsin. Gemeinsam mit Gia-fu Feng als Gastdozent hat sie am Colorado College einen Kurs über östliches Denken und Moderne Physik abgehalten. Sie ist an der Leitung der Stillpoint Foundation beteiligt.

Das vorliegende Buch ist direkt aus der erfolgreichen Zusammenarbeit zwischen Gia-fu Feng und Jane English bei Lao Tses *Tao Te King* entstanden, das 1972 zuerst in englischer Sprache veröffentlicht wurde.

Weitere Bücher aus dem

IRISIANA VERLAG

D–8961 Haldenwang

DAS LIMA OHSAWA KOCHBUCH

Lima Ohsawa

Ich glaube, daß Kochen niemals nur der Befriedigung unserer sinnlichen Begierden dienen sollte, aber ich möchte nicht mißverstanden werden. Wir dürfen niemals die Bedeutung von Geschmack, Aroma, Beschaffenheit und Aussehen vernachlässigen oder geringschätzen. Der Idealfall ist, daß ein guter Koch wahrhaft köstliche und ansprechende Mahlzeiten zubereitet, aber es sollte ihm auch gelingen, jeder Zutat ihren eigenen natürlichen Geschmack zu erhalten. Die astronomische Ordnung der Natur, die im großen Maßstab am Himmel erscheint, findet ihre Entsprechung in der kleinen, feinen Ordnung, die in den Zutaten beim Kochen enthalten ist.

Diese Worte stammen von Lima Ohsawa, die auf mehr als 35 Jahre praktischer Erfahrung mit der makrobiotischen Lehre zurückblicken kann. Sie vermittelt in ihrem Buch das Geheimnis physischer und psychischer Ausgeglichenheit, das uralte Wissen um natürliches Kochen und Leben.

Tatsächlich ist die Makrobiotik nicht eine neue Idee, sondern eine sehr alte Methode, Nahrung in Harmonie auszuwählen und zuzubereiten. Heute, mit dem drohenden Problem der Umweltverschmutzung, dem verbreiteten Gebrauch von chemischen Düngemitteln und der Verwendung von künstlichen Farben und Konservierungsstoffen in industriell aufbereiteter Nahrung, möchte ich all meinen Mitmenschen die Vorzüge des makrobiotischen Kochens und Lebens empfehlen.

Wer eine gesunde Ernährungsweise erstrebt, ohne auf kulinarische Genüsse verzichten zu wollen, ist mit Lima Ohsawas Buch bestens beraten. Es enthält, reich illustriert, hunderte von Rezepten für Vorspeisen, Hauptgerichte, Suppen, Nachspeisen, Gebäck und Getränke.

340 Seiten, illustriert mit Pinselzeichnungen von Maurice Owen. **24,–DM**

T'AI CHI CH'UAN

Toyo & Petra Kobayashi

Dies ist das erste deutschsprachige Buch über T'ai Chi Ch'uan, das weitgehend ein Selbststudium ermöglicht. T'ai Chi Ch'uan ist ein traditionelles chinesisches System von Übungen, das auf der Philosophie des Tao beruht. Es sind fließende harmonische Bewegungen, die langsam, ohne Anstrengung ausgeführt werden. Die Hauptaspekte sind: Meditation, Gesundheit, äußerer und innerer Ausgleich der Prinzipien Yin und Yang.

T'ai Chi Ch'uan hat positive Auswirkungen auf unser Gesamtbefinden. Es ist keine Gymnastik, die in ihrer Wirkung auf den Körper beschränkt bliebe. T'ai Chi Ch'uan ist auf die Ganzheit des menschlichen Wesens ausgerichtet. Das Ideal der Gesundheit bei T'ai Chi Ch'uan ist die Harmonie aller zusammenwirkenden Kräfte von Körper, Seele und Geist im Menschen. In diesem Buch werden geschichtlicher Überblick, philosophischer Hintergrund und praktische Übungen zu einer präzisen, einprägsamen Synthese zusammengefaßt. Jede Übung ist mit Photos und Fußdiagrammen exakt dargestellt. Alle Übungen sind zudem auf einem übersichtlichen Plakat abgebildet.

138 Seiten, Großformat. **24,–DM**

DEINE HEILENDEN HÄNDE

Richard Gordon

Die Hauptaufgabe dieses Buches ist die Anleitung zur Beherrschung einer der kraftvollsten und effektivsten Formen therapeutischer Massage. Das Gebiet der Polarity-Massage ist bislang noch wenig erforscht, kann sich jedoch steigender Beliebtheit und im Rahmen ganzheitlicher Heilkunst eines besonderen Platzes erfreuen.

Der Autor, Richard Gordon, hat sich um informative und konkrete Beschreibung bemüht, die sowohl dem Massagekundigen wie auch dem Laien auf diesem Gebiet wertvolle Instruktionen gibt. Die kraftvollen und anschaulichen Illustrationen sind eine große Hilfe beim Erlernen der einzelnen Übungen, die sowohl Selbstmassage, Partnermassage wie auch Gruppenmassage (Polarity Cycle) umfassen. Es wird sowohl auf die Vorbereitung zur Massage sowie auf die richtige Atmosphäre und innere Einstellung während und nach derselben eingegangen. Hat man die richtige Einstellung zur Lebenskraft und den Umgang mit ihr gefunden, so ist der Schritt bis zur Behandlung kleiner Störungen im menschlichen Organismus nicht mehr weit.

140 Seiten, reich illustriert. **18,–DM**

Weitere Bücher aus dem

IRISIANA VERLAG

D–8961 Haldenwang

TAO TE KING **Lao Tse**

Das *Tao Te King*, ein esoterisch verschlüsseltes, aber gleichzeitig unendlich praktisches Buch, das mit großer Wahrscheinlichkeit im sechsten Jahrhundert v. Chr. von Lao Tse verfaßt wurde, ist häufiger als jedes andere Werk mit Ausnahme der Bibel übersetzt worden. Diese neue Übersetzung des alten chinesischen Klassikers bringt die wesentliche Aussage eines jeden Wortes und macht die Lehre des Lao Tse unmittelbar und lebendig.

Die Philosophie des Lao Tse ist einfach: Nimm das, was genau vor dir ist, ohne daß du dir die Situation anders wünschst, als sie ist. Erforsche die natürliche Ordnung der Dinge und arbeite mit ihr anstatt gegen sie, denn der Versuch, das zu ändern, was *ist*, baut nur Widerstand auf. Die Natur sorgt für alles, ohne Belohnung oder Dank zu verlangen, und sie sorgt auch für alle ohne Unterscheidung - zeigen wir daher einem jeden gegenüber das gleiche Gesicht, und behandeln alle Menschen als Gleichgestellte, wie auch immer sie sich verhalten mögen. Wenn wir sorgfältig beobachten, werden wir sehen, daß die Arbeit rascher und leichter vorangeht, wenn wir damit aufhören, soviel an zusätzlicher Anstrengung darauf zu verwenden, wenn wir damit aufhören, Ergebnisse zu erwarten. Die Wahrheit wird sich in der Klarheit eines ruhigen und offenen Geistes widerspiegeln. *Te* - das als "Tugend" oder "Stärke" übersetzt werden kann - liegt immer im *Tao* oder dem "natürlichen Gesetz" begründet. Mit anderen Worten: Sei einfach da.

176 Seiten, Großformat, gebunden, mit Fotos von Jane English. **24,–DM**

SPIEL DER ILLUSIONEN **Tchögyam Trungpa**

In *Spiel der Illusionen* beschreibt Tchögyam Trungpa detailliert, wie die Täuschungen und falschen Vorstellungen, kurz, die Illusionen in unserem Alltag zu durchschauen und zu meistern sind, um uns eine Sichtweise anzueignen, die sich auf das Wesentliche, den Kern der Dinge, beschränkt. Er beschreibt Möglichkeiten des Ausstiegs aus dem Rad des Lebens, die nicht in weltfremder Askese enden, sondern zu einer anderen Wahrnehmung führen, die uns Achtsamkeit im Umgang mit sich selbst, anderen und allem,was uns umgibt, lehrt.

Tchögyam Trungpa, Rinpotche, gibt in diesem Buch exakte Anweisungen, wie wir uns in die Lage versetzen können, die Täuschungen und Enttäuschungen in unserem Leben zu durchschauen, das wahre Wesen der Dinge zu erkennen und die Schleier der Illusion von unseren Augen zu wischen. Die angewandte Methodik ist direkt, ohne große Umschweife und sehr heilsam.

ca. 160 Seiten, Großformat, gebunden, illustriert. **24,–DM**

SOPHROLOGIE **Dr. Raymond Abrezol**

Als eine echte Alternative zur reinen Symptombehandlung des erkrankten Menschen stellt sich die Sophrologie dar. Die Methodik der Sophrologie zielt auf die ganzheitliche Behandlung des Menschen ab und berücksichtigt dabei in besonderer Weise die Zusammenhänge im physischen und psychischen Bereich.

Die Sophrologie bedeutet das Studium aller Veränderungen im Befinden des Menschen, die durch psychologische, physische oder chemische Mittel ausgelöst wurden, und die Anwendung daraus resultierender Erkenntnisse in der medizinischen Therapie. Zurückgehend auf tiefliegende Störungen im menschlichen Organismus wird versucht, eine dauerhafte Heilung ohne Verdrängung herbeizuführen. Die Sophrologie ist allerdings keine mystische Wissenschaft, sondern der Versuch, eine sehr alte Kunst für die Medizin von morgen wiederzuentdecken.

Da jeder Mensch früher oder später in die Lage gerät, Patient zu sein, geht dieses Buch alle an. Es ist in besonderem Maße von Bedeutung für Ärzte und Heilkundige, denen das langfristige Wohlergehen ihrer Patienten am Herzen liegt.

Wer als möglicher Patient an der eigenen Genesung aktiv mitarbeiten will, statt sich auf passives Medikamenteschlucken zu verlassen, wird viele brauchbare Hinweise finden.

ca. 400 Seiten, gebunden. **58,–DM**